U0002601

放下執念的
50個心靈練習

Leave Your Mind Behind

The everyday practice of
finding stillness amid rushing thoughts

Matthew McKay Ph.D. & Catharine Sutker
馬修‧馬凱博士 & 凱薩琳‧蘇特克◎著
羅倩宜◎譯

獻給Mary Hoffman
——MM

獻給始終協助我觀察與放下的Mike
——CS

Contents

Part I

前言
你在想什麼？

1 觀察當下：移動光環冥想 14

2 觀察當下：內外穿梭練習 17

3 觀察昨天：記憶 v.s. 觀察 21

4 鬥犬式思考 24

5 觀看、感覺 v.s. 批判 28

6 說故事 31

7 下一步是什麼：計劃與預測 34

8 對於未來的想法：幻想和觀察 38

9 經驗輸送帶 41

Part II　你的想法對生活造成什麼影響？

10　可行性測試……………………………48

11　心理上的結合……………………………53

12　凡事批判……………………………56

13　這個想法到底想幹什麼？……………………59

14　你的想法正在建構什麼樣的世界？……63

15　逃避……………………………66

16　誘惑……………………………69

17　流氓想法……………………………72

18　思緒激盪……………………………74

19　大姐頭……………………………77

20　過期硬麵包……………………………79

21　「你」不等於「你的想法」……………………81

22　你所想的不一定會變成真的……………………84

23　接受雨天吧！……………………………87

24　單軌思考……………………………89

25　面對你的想法……………………………93

26　吹毛求疵……………………………96

27　想法如天上星辰……………………………99

28　鏈在一起的惡棍……………………………101

29　移動你的腳步……………………………104

Part III 別再相信你的每個想法

30 給想法貼標籤…………………………109

31 漁船……………………………………112

32 讓批判思考漂走吧！…………………114

33 描繪出你的想法………………………117

34 再多講一次！…………………………120

35 唱歌和怪聲音…………………………123

36 文字重組………………………………126

37 紙鎮……………………………………128

38 快顯想法………………………………130

39 悲傷之泉………………………………132

40 白色房間的冥想………………………135

41 牽著吉娃娃散步去……………………137

42 不高興的顧客…………………………140

43 想法便當盒……………………………142

44 握住想法，像握根羽毛一樣…………145

45 巧克力念頭……………………………147

46 養虎為患………………………………149

47 讓煩惱走掉……………………………152

48 朝生命前進……………………………155

49 放掉繩子………………………………159

50 怪獸……………………………………163

✍ 感謝 ✍

感謝史蒂芬‧海斯博士（Steven C. Hayes）、凱莉‧威
爾森（Kelly G. Wilson）博士、寇克‧史卓沙博士（Kirk
Strosahl），以及接受與投入療法團體（ACT），感謝你們
發展出無與倫比的「接受與投入療法」（Acceptance And
Commitment Therapy）。本書是以該療法的其中一支——「認
知混淆」（Cognitive Defusion）為基礎所撰。

置身「思」外
——從執念中抽離

當你一覺醒來，腦子就展開一天的行程。就好像你坐進一部車子，讓念頭當你的駕駛。有時候，它猛踩油門橫衝直撞；有時候，卻連開出車庫都做不到；有時它可以準確地載你到目的地，有時卻駛入一片荒煙漫草之中。思緒可以帶著你駛進豪宅區，看著街道兩旁屬於別人的花園洋房，讓你心生嫉妒又自怨自艾；思緒也可以帶你走入惡夜裡的暗巷，危機四伏、魅影幢幢，讓你心生疑懼。

對許多人而言，思緒飄忽遊走，有時候不一定是

去到我們想去的地方。我們的念頭如同汽車的自動駕駛功能，會帶我們進入恐懼、失落、自卑和憤怒等各種情緒中。我們太習慣依賴腦子裡的想法，很容易誤以為想法等於事實，而被它們牽著鼻子走，做出一些讓自己更加痛苦的行為。這本書就是要教大家如何放鬆，以及觀察自己的思緒，也會教你如何縱容思緒遊走，但不要把它看得太嚴重。你將學會如何從思緒中抽離，自在地觀賞內心的風景，客觀而不輕信，保持高度的興趣卻又不過分投入。

本書第一部分將人的想法分為五類，教你辨識自己的想法、好好地加以觀察，然後學會切換到不同類型的想法裡面。第二部分是教你認識各種想法的功能和效果，當你看透每一個念頭和想法，就知道它們的作用以及會導致的後果，自然地，你就不會輕易被這些想法左右了。第三部分教你深入觀察某一個想法，同時又能避免深陷其中，進而學習如何與恐懼、傷害等負面情緒完全切割。

我們可以保證這本書將令你耳目一新！它能讓你

擁有全新、有創意的思考方式，讓你每天的心靈之旅自在愉快。我們這就開始吧！

Part I

你在想什麼?

腦子的主要工作是創造想法，而且日復一日，從不間斷。有的想法有道理，有的沒有；有些想法能夠解決問題，有些卻讓我們恐懼遲疑；有的能幫助我們掌握方向，有的卻讓我們擱淺停滯。

想法只是一時的，只存在大腦的神經突觸裡，它們就和偶像劇一樣，是不真實的。可是，我們往往把它當作真實發生的新聞快報來處理。我們經常相信自己的每一個想法，而這正是痛苦的來源。要掙脫執念的桎梏，唯有先了解我們的思緒如何運作。

首先，我們將想法分為五大類，來了解思緒並學習分辨其中的差異。這五大類分述如下：

- 觀察：對現下的觀察。

- 記憶：對過去的回憶。

- 批判：對好壞對錯的評斷。

- 說故事：試圖解釋事情發生的原因。

- 對於未來的想法：針對尚未發生的事情發展情節，這種思考又可細分出三類：計劃、幻想和預測未來，稍後會詳細說明。

這本書要教給你的是如何觀察思緒。透過觀察的過程，就能了解每一種想法究竟是幫助你還是傷害你。這其中有很大的學問，了解愈多，就愈不會被思緒左右你的情緒與生活。

∽ *1* ∽

觀察當下：
移動光環冥想

　　身體的感覺是對當下的一種反應。傾聽生理反應就跟聆聽一段結構繁複的樂曲一般，有主旋律和副旋律，主題樂句會淡入淡出，突然出現的鐃鈸聲會令人為之一振，也有雙簧管漸強漸高的樂聲讓人情緒飛揚。

　　想要傾聽身體、專注當下，最好的方式就是接下來這個練習——移動光環冥想（Moving Band Meditation）。想像你的頭頂上方有個圓形光圈，直徑約為九十公分。接著，這個光環會慢慢降下，通過

你的身體。當它從頭到腳經過你身體的每一點時，請試著感受光環通過的部位。注意你的感覺是什麼，是緊繃嗎？還是隱隱作痛？是感到壓迫？還是很放鬆？隨著光環慢慢下移通過身體，你的注意力也要隨之往下。所有注意力集中在被光環包圍的部位。然後，用緩慢的速度，讓你的觀察跟著光環往下，直到確定你已經聽清楚感官要傳達給你的訊息，也充分聆聽完身體為你吟唱的每個音符。

現在，把注意力的範圍擴大，去細聽整個身體的旋律。先做一次深呼吸，吸氣，然後吐氣，把體內的所有感覺帶進來。全心全意地傾聽，持續一會兒，再做一次深呼吸，然後結束練習。

了解上述步驟之後，你就可以開始進行移動光環冥想了。這個冥想最重要的關鍵在於你「不做任何事」，你要盡量不操心、不計劃、不記憶回想、不解釋，也不期待。進行這個冥想時，你的頭腦會安靜許多，它只負責觀察和傾聽，它只負責活在當下，別的一概不管。

　　接著，請思考以下問題：

■ 將心思集中在感官上，即使只是短短幾分鐘，對你的情緒有什麼影響？

■ 在移動光環冥想時，將注意力集中在身體的個別部位和集中在整個身體，感覺是否不同？

■ 你是否因為冥想而減緩思考？思緒出現的頻率和品質是否也因冥想而有所不同？

∽ 2 ∽

觀察當下：
內外穿梭練習

　　身體現在、此刻、當下，是最珍貴的時刻，因為它是感覺產生的時刻，是作出決定的時刻，是能夠改變的時刻。不過，我們經常忽略「當下」所具有的神奇力量。我們老是花很多時間活在過去，想著舊傷口，想著過去所犯的錯，想著對別人和自己的各種批判，而痛苦不堪。或者，我們老是被拉到未來，不停地擔憂「萬一……，怎麼辦？」不停地想像還沒發生的災難。在此同時，我們的生命已然流逝。

　　學習活在當下並不困難，只要簡單地轉移你的

注意力就可以了。拋開過去的畫面，拋開對未來的想像，我們現在要觀察當下的兩大面向——**體內**和**體外**的感受。在前一個單元的移動光環冥想中，你已經學會如何觀察身體的感覺，接下來，我們要練習認知的第二步驟——在內外世界來回穿梭。

首先，閉上眼睛，注意身體的感覺。臉部和頭部有什麼感覺？頸部和肩膀有什麼感覺？注意你的呼吸，感覺空氣從喉嚨流進身體，肋骨擴張，橫膈膜舒展。觀察你胸部和腹部的感覺，然後是臀部、下腹部、生殖器。最後，把注意力放在腿部和雙足。

現在，張開眼睛，將你的感知轉移到身體以外的世界。將注意力放在視線所及，留意周遭物品的顏色、形狀與材質。接下來，觀察四周發出的聲音，例如：時鐘的滴答聲、車子的噪音、遠處傳來的嗡嗡聲。最後，去感覺周遭事物的觸感，如：手上的書、椅子扶手的質地等，並注意香氣或其他氣味。

再次閉上眼睛，將注意力轉移到身體的感覺。從頭到腳把身體每個部位的感覺掃描一遍。你可能覺得

有些地方不適甚至疼痛，或覺得有些地方很舒服，那都沒關係，只要繼續觀察你體內發生的一切，持續兩分鐘。

現在張開眼睛，再度回到外面的世界。注意你看到、聽到、感覺到和嗅聞到的東西。專注於這幾種體驗，維持兩分鐘。

按照這個方式，在體內和體外的世界來回穿梭，重複三到四次。每切換一次，都要試著發現新的感覺。如果在過程中出現其他想法，以致打斷你的觀察和感覺，沒關係，不必抗拒，去注意這些想法的存在，然後再回到練習。

當你準備好要停止練習時，請花幾分鐘，想想以下問題。在完成內外穿梭的練習之前，請不要看這些問題。

■ 跟你平常的意識比較起來，專注在當下的感受有何不同？

■ 專注在當下，對你的情緒有什麼影響？

■ 當下最常跳出來被你觀察到的是什麼？

■ 觀察內部世界還是外部世界比較舒服？

■ 外部世界最鮮明、最令你感興趣的是什麼？

■ 你注意到自己的想法有什麼改變嗎？你的心思變
　得比較平靜還是比較活躍？煩惱的念頭比較多還
　是比較少？批判的念頭比較多還是比較少？

■ 與練習前的情況比較起來，你現在感覺如何？

∽ 3 ∽

觀察昨天：
記憶 v.s. 觀察

　　過去，是美好又惱人的。過去，有我們的成功、失敗，有初次探索的興奮，有冰冷、失望的經驗。我們可以躲藏在過去的記憶裡尋找慰藉；我們也可以在回憶裡享受到愛和歸屬感，或者檢視失敗。

　　過去就像一座森林，你可以在其中發現雄壯的麋鹿，也可能看到樹枝上垂吊而下的蛇。會出現什麼，端視你想要尋找什麼而定。如果你想要尋找被愛的證據，你通常都能找到；但如果你內心的黑暗面想要證明自己一無是處，你大概也找得到理由。

　　一個人過去的歷史，可以是金礦也可以是地雷區，究竟我們該如何因應？首先，你可以認清它的定位──一個思緒可以停留的地方，或是應該離開的地方。如果過去的記憶對你而言是個避風港，就好好地享受它的溫暖；如果它帶給你傷痛，就回到現實以尋求平靜。

　　今昔穿梭練習可以幫助我們在過去和現在之間移動，讓你能在今昔之間來回跳躍，直到你對這樣的切換感到很自在為止。首先，先找出一段你很熟悉、很清晰的回憶，任何回憶都行。流連在這段回憶之中，持續一會兒。仔細看看回憶場景中的形體和顏色；聽聽其中的聲音，如風聲、浪潮聲或人聲等；充分感覺當時的溫度與觸感。

　　現在，回到現實。你看到周圍有什麼？將身邊的一切盡收眼底。注意你所聽到的，即使是最微弱的聲音。你的手現在碰觸到什麼？周遭環境如何壓迫你的身體？你覺得熱還是冷？持續去感受，維持大約兩分鐘的時間。

現在，再度回到過去，找出另一段回憶，任何浮現在你腦中的記憶都行，這是非常主觀的選擇。試著去看、去聽、去感覺當時的一切，然後給回憶一點時間，讓它鮮活起來。專注在這段回憶裡，直到你能感覺自己身在其中。

　　再度切換到現實。看看周遭環境。聽聽所有的聲響。注意皮膚的感覺，看看它想告訴你什麼。

　　接下來，重複三次今昔穿梭的練習，反覆在過去和現實中切換，在每個場景裡都停留幾分鐘。

　　完成今昔穿梭練習之後，想一想以下問題：

- 你通常選擇哪些回憶？是快樂的、不好不壞的、還是孤單的？
- 哪一個比較平靜詳和？過去還是現在？
- 哪一個讓你的自我感覺比較好？過去還是現在？
- 哪一個讓你想要停留久一點？過去還是現在？
- 回到現實會很困難嗎？放下過去很困難嗎？
- 當你陷在不愉快的回憶裡面時，什麼事比較能幫助你切換到現實？

〜 4 〜

鬥犬式思考

鬥犬式想法指的是對人事物的批判、對自己或別人的責難。電影裡常看到這樣的場景：一條狗咬著某人的褲管不放。被咬的人原地繞圈，企圖甩脫狗的糾纏，但小狗卻咬得更緊，這就是鬥犬式想法對你做的事。它們會抓著你的心思不放，讓輕蔑、指控和非難來占據你。

並不是說評斷或批判絕對不好。有些批判很有價值，也可以保護我們。我們的腦子把每天對周遭的各種體驗分成好壞兩類——對我們的影響是好還是壞，這麼做能幫我們快速決定如何趨吉避凶。不過，這樣

的評斷或批判經常變得荒腔走板，我們腦中那隻鬥犬被釋放出來，於是，這些想法就像鬥犬一樣，一個接著一個地撲上來，咬住我們或咬住我們批判的對象，而造成很大的心理傷害。

不管是針對誰，批判式思考的來源都一樣——認為事情應該如何或不應該如何。很多批判來自於對美和吸引力的想像，如果不符合心中的理想典型，就會被你貼上醜陋的標籤。有些鬥犬式想法則是從種種規範衍生出來的，如能力、辛勤工作或適當行為（Proper Behavior），任何人違反這些規則，似乎都應該被譴責。

不過，你可以改變這種鬥犬式想法。首先，你要做的就是注意到它們的存在。如果你知道自己在批判，它們的殺傷力就會比較小。進行以下練習，能幫助你了解自己的鬥犬式想法：

■ 在閱讀今天的報紙時，準備紙筆，心中每出現一次批判，就劃一個記號。

■ 想像一個你不喜歡或不欣賞的人，可以是政治人

物、討厭的家族成員，或是職場上的競爭對手。想像你注視著他／她，同時注意你心裡浮現的種種批判。

■ 想像最近一次讓你生氣的事件，注意你的鬥犬想法怎麼攻擊那個挑釁你的人。持續觀察你的批判幾分鐘。

■ 想像你站在鏡子前，或者真的去站在鏡子前，注視你不喜歡的身體部位，聽聽你對自己說了什麼。

■ 在腦中描繪出曾經讓你後悔的景象。保持這個畫面，注意你心裡出現什麼想法。

分辨一下你的想法是屬於哪一類，是觀察、記憶、批判、說故事或對於未來的想法？你的批判強度有多大？

接下來是好好反省的時候；從這個了解批判思考的練習之中，你學到什麼？

■ 你很容易去批判別人或別人的行為嗎？

■ 在你的批判背後，隱含哪些規則和「應該」？

- 你對自己的批判也是一種傷害，它會影響你對自己的看法嗎？造成的衝擊有多大？
- 你對別人的批判是否會導致你採取攻擊或報復等行動？
- 你對別人的批判會不會導致你退縮與自我保護？

　　接下來，是最重要的一個問題。既然你無法把腦子的開關關掉，批判就永遠會出現，問題在於，你想改變你和批判之間的**關係**嗎？你想要有能力注意到它們，但是不再那麼看重它們嗎？如果答案是肯定的，稍後的單元還有一些練習能幫助你。

∽ 5 ∽

觀看、感覺 v.s. 批判

當你看到一部凱迪拉克休旅車時，你心想：「又是一部破壞環境的吃油怪獸！」雖然說眼睛看的和心裡想的是兩回事，但你可能沒注意到，在這個例子裡，你已經把兩碼子事連結在一起了。一部有凱迪拉克標誌的大型休旅車，**轉變**成你心裡的批判——吃油怪獸。換句話說，你把感官看到的東西，和大腦告訴你的東西，混淆在一起了。你的批判——純粹是假設和個人意見——變得跟被觀察的物體密不可分。

你看到、聽到和感覺到的東西，不等於你對它們的批判，學習區分兩者是很重要的，如此一來，你

才能了解自己的想法，找出比較健康的觀點。簡單地說，就是**批判並非事實，但你的腦子卻認為它是事實。**

「觀看和批判」（Seeing Versus Judging）的切換練習，能幫助我們更清楚這個道理。首先，先專注於呼吸。然後，將你的感覺擴大到整個身體內部，觀察你有什麼感覺，只要注意它們就好了，不必進一步思考。接下來，把你的注意力轉移到你的想法，對於身體產生的感覺，你有什麼**想法**？感覺是好還是不好？你喜歡這種感覺嗎？

現在，看看周遭環境。找一個黑色或咖啡色的物體，仔細觀察它的形狀和體積、它的質感和顏色。然後想想看，你對這個物體有什麼感覺？從美學來看，你對它有什麼**想法**？是美觀還是不美觀？它的外表很新嗎？還是很老舊而且有破損？

接下來，回到你身體內部的感覺。去感受一下身體的各種感覺，再想想你對這些感覺有什麼想法。接著，再度切換到外在世界，找一個顏色不同的物體，

先仔細觀察它所有的細節，然後針對你所注意到的一切加以評論。持續這樣的切換練習大約十分鐘，或者更久一點。

　　完成「觀看與批判」切換練習之後，花幾分鐘回答下列問題：

- 你對物體的批判和對它的觀察有沒有不一樣？還是很難區分？

- 在你有意識地切換到批判模式之前，你是否已經忍不住作出批判了？

- 維持在觀察模式對你而言很困難還是很容易？

- 一旦你心裡出現批判，要擺脫它切換到下一個觀察模式時，是很困難還是很容易？

∽ 6 ∽

說故事

　　我們的頭腦最喜歡做的一件事就是說故事。倒不是三叔公講的唐山過台灣的冒險故事，而是企圖解釋與回答「為什麼」的故事。在心裡面說故事，其實是為了尋找原因和理由。

- 爸爸沒打電話來……因為他在生我的氣。
- 我沒男朋友……因為我缺乏吸引力而且惹人厭。
- 朋友每次跟我聚餐都遲到……因為他們根本不想來。

　　在心裡說這些故事，是想將發生在我們身上的事情合理化，其目的是為混沌不明的情況——某些人難

以解讀的行為——找到一個可能的解釋。

在說故事的時候，我們經常會假設別人對我們的想法與感受。腦子就像一部故事製造機，不停地編造故事，而且是近乎強迫地、無法自制地這麼做。透過想法來解釋世上發生的事確實有幫助，也是人類得以生存的關鍵。不過，我們腦子講的故事通常只是虛構的。

這個時候，編故事就很危險了。我們變成在捏造事實、無中生有，還將憑空假造的事當作行為準則。以剛剛提過的例子來說，「朋友每次跟我聚餐都遲到，因為他們根本不想來。」如果你對這個假設信以為真，心裡就會有了預設立場，當你招呼遲來的客人時，就會不經意地表現冷淡，甚至你會決定從此再也不跟他們往來了。萬一你編的故事是錯的，那該怎麼辦？我們的腦子很難分辨事實和虛構的差異，原因是我們通常都會相信自己的想法是真的。我們編織出來的故事，不管它的可能性有多高，或者它是多麼的荒誕，在我們看來，總是顯得很真實。既然如此，當這

類說故事的想法出現時，我們該如何面對？就把它視為一種假設吧，或是各種可能性的其中一種，純然只是腦子製造的千萬個想法中的一種而已。它們**並非絕對真實**的，只是一種想法而已。

現在，請你想想幾個不斷地在你腦中出現的故事性想法，也就是你曾經對某件事為什麼會發生或為什麼沒發生所作的假設。

現在，針對每一個故事提出問題：「為什麼會這樣？」或者「為什麼那是真的？」不管你的答案是什麼，你都要持續追問下去。不斷地追根究柢，直到你再也想不出問題為止。做完這個練習，你會注意到，你的腦子很容易編造故事，更重要的是，有些故事其實很膚淺而且完全不可信。

舉例來說，「爸爸沒打電話給我，因為他在生我的氣。」為什麼這樣？「因為他覺得我很懶。」為什麼？「因為我一直在寄履歷表，卻沒有公司跟我聯絡。」為什麼？「因為我的履歷表寫得太糟了。」為什麼？「我也不知道。」

_∽ 7 ∽_

下一步是什麼：
計劃與預測

我們每個人都帶著一顆水晶球，有一部分思考是在預測未來、趨吉避凶。好比腦子裡有一個小小的聲音：「萬一……怎麼辦？」萬一女兒考試不及格怎麼辦？萬一胃痛是因為潰瘍怎麼辦？萬一業績下滑最後丟掉生意怎麼辦？不斷地試著往前看，試著照亮昏暗不明的前程，為的就是讓自己安全無虞。問題在於，我們可能會耽溺在這種預測未來的習慣上，或者以為自己編造出種種可能的危險並相信它們，就可以避掉這些危險，結果讓生活充滿了無盡的擔憂，讓我們老

是處於緊張狀態。

計劃，就很不一樣，它是把焦點放在未來，跟預測未來的不同之處在於它不會讓你緊張焦慮。計劃的目的是解決問題，而不是預期問題發生。計劃，通常是設計出幾個步驟，來改變或適應未來的處境。換句話說，預測未來是去設想問題的嚴重性，計劃則是拆解問題，再加以各個擊破。

讓我們以亞倫·沃福森（Aaron Wolfson）為例來了解計劃與預測未來的差異。卡崔娜風災發生後，整個城市幾乎成了廢墟，沃福森的烹飪學校事業老饕餐飲學院（The Savvy Gourmet）也災情慘重。他的第一個反應是預測未來，想像自己的房子與事業蒙受多少損失，以及往後數年都會陷入經濟困境。不過，他不讓自己一直憂煩下去，他開始著手計劃，把烹飪學校轉型成供應新鮮現煮食物的飲食站，讓救難人員、警方和媒體可以在這裡飽餐一頓。

處理擔憂最好的方法就是觀察你的思考，學習分辨什麼是有建設性的計畫，什麼則是預測未來的想

法。現在，請集中注意力，想像你最近擔心的一件事，給自己一點時間進入情況。注意你的腦子已經開始描繪未來的危險景象，一直在設法找出最糟糕的情況。接下來，把注意力轉移到計劃性想法，想出一個能降低風險或改善情況的步驟，只要一個就好（再小都沒關係），別管它實不實際，也別挑計畫的毛病，只要專心地想像這個解決問題的步驟就好了。

　　現在，再想像另一件令你心煩的事。全神貫注地想，直到你的腦中開始出現預測未來的想法。然後，再切換你的注意力，找出可以降低風險的可行步驟。當你完成兩輪練習之後，再重複一次。

　　完成練習後，請花幾分鐘思考下列問題：

- 在計劃和預測未來的時候，你的情緒有不同嗎？
- 從「擔憂」切換到「明確地計劃」會很困難嗎？有多困難？到了重複第三次的時候，感覺如何？
- 你有沒有發現到，當你嘗試計劃的時候，心裡的擔憂一直悄悄浮現？如果是，你如何將注意力重新轉回計畫性思考？

■ 如何才能讓你更容易警覺到預測未來想法的出
現？而且在每一次察覺這種危險想法時，能記得
把思考轉換成計劃模式？

～ 8 ～

對於未來的想法：
幻想和觀察

　　幻想好比是度假，是逃離現實生活的一種方式。浪漫的幻想、性幻想、幻想自己功成名就、幻想自己遠走高飛……，這種種幻想都有一個共同點——你離開現實，跑去活在其他地方，你成了心靈旅人。

　　有些幻想很健康，它們能夠創造欲望，促使你改變，讓美好的事發生；有些幻想能幫助你看到全新的目標；有些幻想則能提供歡樂或抒壓的愉悅片刻。

　　不過，幻想也可能有害。你可能因此花費太多時間沈溺在快樂但不太可能發生的未來裡面，因而與現

實脫節。幻想也可能會製造出熾熱的渴望，讓生活中的其他事物相形之下顯得無趣、黯淡。有時，過度地幻想會阻礙我們作一些困難的決定、作一些真正的改變，這等於是躲到未來，不去解決眼前的問題，這樣的逃脫與陷入沮喪，是把時間毫無意義地浪費掉，生命也就一點一滴地流失了。

幻想對你造成什麼影響？想知道這點，最好的方式是先注意到幻想的存在，然後用現實的眼光看待它。現在，先讓自己進入你的白日夢，進入歡樂且舒服的幻想裡面。閉上眼睛，找出幻想的畫面，注意其中的場景、聲音，去感受那個經驗。花一、兩分鐘的時間，充分浸淫在你的幻想裡，試著真正**進入**你的幻想情境中。

現在，張開眼睛，把注意力轉回現實。你看到什麼？聽到什麼？周圍的事物給你什麼感覺？仔細觀察你的感官所接收到的一切，持續一到兩分鐘。

接下來，繼續交替練習，在幻想和現實之間切換。如果第一個幻想逐漸變得模糊或失去吸引力，就

再尋找另一個幻想。這樣持續來回八到十分鐘。注意
你在切換到不同情境時的感受。最後，花幾分鐘來思
考以下問題：

- 離開幻想重回現實，感覺會很不舒服嗎？會很困
  難嗎？
- 你比較喜歡停留在幻想裡面，還是比較喜歡待在
  現實世界？
- 現實中有什麼事情是你不想面對的，才讓你覺得
  逃避的感覺很好？
- 幻想會對你的生活帶來哪些正面與負面的衝擊？

　　如果你已經因為幻想而產生困擾，建議你逃離
它，回到現實「放個假」。每一次，當你發現自己飄
浮在幻想裡面太久時，試著深呼吸，然後回歸現實一
分鐘。注意你看到和聽到的事物，注意身體裡面的
感覺。問問自己：「我要怎麼做才能讓現實變得更
好？」

9

經驗輸送帶

　　現在，你已經完成前面幾個單元的練習了，接下來，讓我們結合目前為止的體驗，一起來學習如何觀察思緒。要擺脫精神上的折磨，首要之務就是了解如何觀察你的想法。

　　現在，把注意力放在你的呼吸。吸氣，感覺冷空氣從鼻腔吸入，往下進到你的喉嚨；感覺胸腔擴張、橫隔膜舒展，然後放鬆。吐氣，注意全身上下隨吐氣而紓解的感覺。

　　反覆進行一、兩分鐘後，請把注意力轉到頭腦的活動。想像你腦中出現的各種想法透過一條「經驗

輸送帶」傳送出來。你的大腦一產生想法，這條輸送帶便會載著它通過你面前。你的任務是將輸送帶上面的想法一一貼上標籤、把它們分為四類：1）觀察性想法、2）批判性想法、3）預測未來或命運的想法、4）解釋性或說故事的想法。進行這個練習時，為了方便，請暫時先忽略記憶、幻想、計劃等三類想法，以免類型過多而記不清楚。

　　充分集中心神、觀察呼吸之後，請試著在「輸送帶」前專心工作至少三分鐘。想像你正在給裝有不同類型想法的小紙箱貼上辨識標籤。或者，你也可以把想法的種類名稱**說出來**。如果漏失一個想法，沒有關係，專心去看下一個想法，把它貼上標籤就可以了。

　　完成經驗輸送帶的練習後，請花幾分鐘思考下列問題：

- 在你的輸送帶上，最常出現的是四種想法中的哪一種？

- 哪一種想法最黏著你不放、最難擺脫？

- 哪一種想法會引發最強烈的情緒反應？

- 哪一種想法最難辨識、最難貼上標籤？經過練習之後有改善嗎？
- 哪一種想法是你希望擺脫的，或不想再那麼在意它的？

Part II

你的想法
對生活造成
什麼影響？

並不是說你的想法「錯誤」，只是有時候我們會花太多時間在想法裡面，緊緊黏著它們，而忘了加以檢視。藉由這本書，我們希望你可以學會一項很重要的技巧——觀察想法如何運作，也就是觀察你的想法對你的生活造成什麼影響。

人不可能選擇要哪些想法出現，也不可能阻止想法出現，所以，有能力控制你與想法之間的**關係**，以及你在此關係下的行為，就變得極為重要。不管你相信與否，掌控這種關係的能力非常重要，遠比你了解自己的想法、拆解它、剖析它，都重要得多，畢竟「為什麼」是很主觀而且經常改變的東西。

你可能會問，「究竟我該如何判斷想法造成的影響？」請你回答下列問題，仔細思考「想法」對你產生的作用。你的想法有沒有幫助你，讓你更靠近人生中你非常在乎的事物？還是它們讓你不必面臨風險，卻沒有帶領你朝向人生的重要目標邁進？

打個比方，當腦中產生想法時，就好像鬧鐘響了。「今天真不想上班。」這個想法是「不好」的

嗎？並不是，只是如果你聽從這個想法，認真看待它，你就會賴在床上而不去上班，使得工作岌岌可危，甚至丟掉飯碗。所以，這個想法是不是對你沒有幫助？是的，它對你的生活並沒有建設性。

回答以下問題，你就能了解想法對你有何影響：

- 這個想法對我有幫助嗎？還是沒有？
- 這個想法能讓我更接近生命中對我而言很重要的事嗎？
- 這個想法如果是我的司機，它會帶我去我想去的方向嗎？

這些問題就像化學實驗用的石蕊試紙一樣，可以測試出想法的功能，也就是它們在你生命中會發揮的作用。想法是自動產生的，通常我們沒有能力去分辨我們是在批判自己，還是可以注意到自己的想法而不帶任何批判，再說，批判也只是一種想法。你可以運用接下來的練習，來檢視想法對你、對你的生活所造成的影響。你愈能觀察想法發生的過程，為人處事就會愈有彈性，生活也將有更多選擇。

∽ 10 ∽

可行性測試

　　我們腦子裡的七種想法──記憶、觀察、計劃、批判、預測未來和說故事，每一種想法或多或少都有它的功能，可以幫助我們，也可以造成傷害，舉例如下：

■ 記憶：記憶能幫助我們從往事中汲取資訊。回憶生命中的重要時刻和重要人物，可能是快樂的泉源。但是有些人老是沈溺在失落或失敗的過去裡，無法自拔；有些人則是花太多時間在緬懷過去，以致無法面對現實。

■ 觀察：觀察當下有助於心神平靜，也能更深

刻、更豐富地體驗當下。不過,有時我們必須停止靜態的觀察,起身行動,否則就無法有所改變。

- **批判**:批判能幫你評估什麼對你比較好、什麼對你不好,讓你能夠趨吉避凶。不過,批判也可能變成「鬥陣俱樂部」,讓你在裡面與自己和朋友互毆。嚴苛地批判自己,會損害你的自尊;嚴厲地批判別人,則會重創你與別人的親密關係。

- **說故事**:說故事的想法是有必要的,它能夠解釋事件、找出理由。但是,就像先前提過的,當人說故事時通常會天馬行空,往往淪為負面的解讀與詮釋。

- **計劃(對於未來的想法)**:這種想法幫助我們解決問題、未雨綢繆。不過,有些人耗費太多時間在計劃和準備,反而讓現下的生活變得慘兮兮。幾年前,美國媒體《國家詢問報》(*National Enquirer*)報導了一名男子親手打造一部休旅車的故事,他為達成這個計畫耗費了十

年，還曾經一度心臟病發，完成後卻從未開車出去度假過，在這期間被他忽視的妻小完全無法理解其中的意義何在。

- **預測（對於未來的想法）**：這種想法能幫助你預測未來，避免在人生中摔跤。如果你知道某個山洞裡住著一隻獅子，那麼這種想法可以幫你歸納出一個可能的結果──去洞裡探險會被吃掉。但是，從另一方面來看，預測未來的想法可能變成一種難以忍受的折磨，你會不斷地陷在「萬一……怎麼辦？」的泥淖裡，永無止盡地去想像不太可能發生的災難。

- **幻想（對於未來的想法）**：幻想是快樂的泉源，你可以想像自己去度假、去做渴望的事，想像未來的功成名就。但幻想也可能很危險，因為它會讓你失去行動力，而不去身體力行，這麼一來，你就無法讓幻想成真。幻想也可能變成沮喪的來源，因為和虛幻的假象比起來，現實生活會顯得枯燥又空洞。

接下來是一個關鍵問題：你如何知道自己的想法已經脫離正軌了？我們如何知道自己已開始採信不切實際的想法了？記住，我們的腦子很容易相信我們所思考的每一件事。而上述問題的答案，只有簡單的幾個字——**可行性**（Workability）。某個想法如果經常出現在你的腦子裡，就要判斷它對你有什麼好處？或是究竟有沒有好處？

　　我們就以說故事的想法為例。請你找出幾個經常出現在你腦裡的故事性想法？這些故事可能是為了解釋某些事情之所以發生或沒發生的原因，或是用來解釋你或別人出現特殊行為的原因。現在，針對這些故事性想法，問你自己幾個問題：這個想法對你有什麼作用？它能激勵你，還是讓你放棄？這個想法能幫你去完成一些重要的事嗎？還是讓你因為恐懼而不敢行動？

　　一般而言，某個想法如果能夠擴展你的生命、改善你的生活，能夠解決問題而不是製造問題，那它就是可行的；如果這個想法限制了你、讓你裹足不前或

使你的生活變得封閉，那它就是**不可行**的。

　　接下來，我們要針對經常出現在你腦中的想法，分析它們的可行性，澈底地檢視每個想法所產生的**效果**。這些想法能幫助你活得更充實嗎？還是讓你更封閉？如果某個想法對你而言其實並不可行，就要立刻拋棄它，別再深信不疑。有時候，光是注意到想法的存在，你就可以不那麼在意它了。

∽ *11* ∽

心理上的結合

很多想法都是自動產生的，我們其實沒有能力去抑制或阻止它們。讓我們來做個小測驗，請在下列空格中填入答案，回答時別考慮太久；

羅馬不是＿＿＿＿造成的。

白雪公主和七個小＿＿＿＿。

再來一題，請試著別思考應該填在空格裡的字：

平時不燒香，臨時抱＿＿＿＿。

問題來了，這種自動連結會在你的思維和情緒裡不斷發生。每個人的腦子裡都「內建」有屬於自己的一些成語、俗語或俚語。有時這來自於個人經驗，有

時可能連你自己都不知道它們從何而來。因此，一個人的直接反應不只限於「羅馬不是一天造成的」，還有可能出垷這樣的想法：「如果明天要上台演講，我一定會慌亂。所以我應該待在家裡。」你的腦子會作出這樣的反應，可能是因為你過去有過上台演講而狀況百出的經驗，因此，後來當你再有類似的機會時，你便選擇待在家裡，這讓你覺得很安全。因此，從過往經驗裡你學到「**演講—慌亂—待在家裡**」這樣的連結；而每次一有類似的情況，你的腦子就會在千分之一秒內搜尋出這個連結。但是，萬一這個演講對你很重要怎麼辦？萬一你很希望把費心準備的資訊跟大家分享，怎麼辦？「我會慌張，還是待在家好了。」如果你相信這個想法，對你有幫助嗎？它會讓你比較充實、廣結善緣嗎？還是如果你聽信這個想法，會讓你無法完成重要的事？

　　因此，我們必須學著了解大腦的運作方式，也必須懂得分辨腦中形成的情境以及創造出來的解決方式是不是自動反應。如果你只是因為想法幫你預設了結

果，因而裹足不前，那麼你的生活就會變得愈來愈狹隘。

　　我們已經知道，我們沒有能力去阻止腦子自動連結想法、提出建議。了解這點之後，只要勤加練習，就能學會接受這些想法，而不讓它們主導你的行動。

∽ 12 ∽

凡事批判

大部分人都經常批判，幾乎對每件事都可以挑錯找碴：

- 那邊那棵樹……看起來有點歪。
- 我坐的這張椅子……有點太軟了。
- 今天的夕陽……不夠燦爛。
- 這個公園……草皮枯黃，不夠翠綠。
- 我婆婆……太挑剔了。

接下來，請做這個練習。看看四周，不管你是在室內還是室外，用眼睛對周遭事物進行一趟巡禮。現在，看看你是不是會開始批判看到的東西，然後注意

到該物件的瑕疵。持續地將你的注意力從一件物品轉移到下一件物品，逐一地去評價它們。

　　請問，有沒有哪一件東西是你**無法**評估，或者找不到缺陷的？我想你的答案大概是沒有。這個道理看似簡單，其實非常重要，因為每個人都有這種不由自主地想挑毛病的經驗，不論是對自己、對別人或對周遭事物，而且我們也總是能夠挑出毛病。

　　為什麼我們會批判？是什麼驅使我們在某些時候去尋找負面的東西？以下列出幾個原因。請仔細思考以下每一個理由，看看你的情形符合哪一項。

■ 想要預知或解決問題（是最有建設性的批判）。
■ 想要保護自己，不讓自己失望。
■ 想要修正自己或別人的表現，想讓大家更完美。
■ 想證明自己比別人好（別人有的缺點我沒有）。
■ 想證明自己正如同自己或別人（通常是父母）認為的一樣糟糕。
■ 想要懲罰自己的過錯。
■ 想要從傷害或羞辱中復原或是得到慰藉（所以去

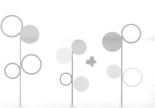

批判那些傷害我們的人）。

　　有時候，理解某個想法的作用之後，就能讓我們的思慮更為通透，也能幫助我們不會對想法過分認真。

⨍ 13 ⨍

這個想法
到底想幹什麼？

　　每個想法都有它的功能，而某些想法之所以會一再出現，是因為它們提供一些重要的東西給你，讓你覺得很有價值，比方說，它們可以保護你不痛苦、提醒你的核心價值是什麼、避免你做出不好的事……等等。就算是令人難受的想法，也有它的價值，它的功能就是保護你不受更嚴重的情緒折磨。不論想法的目的何在，它**此時此刻**出現在你的腦子裡，一定是有原因的。

　　如果知道想法出現的原因，你就可以後退一步，

好好思考，而不受它的影響。腦子裡的想法就好像政治演說一樣，聽起來很真實、很有說服力，可是有一天我們突然發現，某立法委員支持興建新高速公路的理由，居然是為了幫他自己經營的度假村帶來人潮，好從中謀利。所以，在你要採信心中的想法，進而採取行動之前，我鼓勵你深究一下，找出這個想法真正的目的何在。以下是一些範例，列舉出想法背後的功能：

■ 要你記得你是你父母的孩子（表示你跟父母很相像）。

■ 要嚇唬你。

■ 要你循規蹈矩（家族的規矩，或是從過去慘痛經驗學到的道理）。

■ 要懲罰你的過錯。

■ 要試圖糾正你或讓你更完美。

■ 要癱瘓你。

■ 要展示你的所有缺點。

■ 要獲得某人的認可。

- 要讓你更困惑，以至於什麼都不敢做。

- 要讓你不敢冒險。

- 要確保你永遠不受傷害。

- 要證明不是你的錯。

- 要證明你是孤立無援的（或是受害者）。

- 要讓你放棄。

　　你的內心可以有一百萬個理由，而想法背後的動機是什麼，上述列舉的只不過是一小部分而已。接下來，請找出最近影響你的情緒的三個想法：

- 讓你害怕的想法

- 讓你覺得自己很差勁的想法

- 讓你惱火的想法

　　現在，針對這三個想法，問問你自己：這個想法的目的究竟是什麼？是什麼理由促使這個想法產生？如果你屈服、採信了這個想法，進而採取行動，對你而言，在下列幾個層面會造成什麼影響：

- 你的價值

- 你的個性

- 你的目標
- 你的恐懼
- 你的人際關係（過去或現在的）
- 你應該做的事（你得遵守的規則）

　　下一次，當某個想法出現，而你也洞悉它之所以會發生的理由時，請記得謝謝你的腦子，感謝它企圖要幫你做的事。

- 腦子啊，謝謝你試圖……讓我什麼都做不成。
- 腦子啊，謝謝你的幫忙……讓我變成老爸口中不成材的孩子。
- 腦子啊，謝謝你的幫忙……讓我變成一個受害者。
- 腦子啊，謝謝你試圖讓我更完美。

～ 14 ～

你的想法
正在建構什麼樣的世界？

我們生活的世界是用想法建構起來的。怎麼說呢？

- 心裡產生一個想法，我們相信了它。

- 因為相信，我們就認定它是事實。

- 我們所認定的事實又變成一個基礎，在這個基礎之上，我們有了希望、恐懼和各種抉擇。

- 我們所作的選擇構成了我們現在的生活。

我們的想法充其量只是大腦裡幾個神經元的活動，但是我們卻經常把它奉為聖旨，以至於它們經常

會讓我們產生恐懼，讓我們討厭自己，或讓我們鄙視別人。想法擁有足夠的力量能癱瘓我們，或者引起戰爭。

事實上，我們可以把自己想像成畫家，腦子的思緒就是負責運用各種色彩、各種素材、各種形體，在我們的生命畫布上作畫。或者，我們也可以把自己想成程式設計師，把各種想法結合在一起，組成一個小宇宙，自成一個系統，自有一套規則和結果。

如果你的想法正在打造你的世界，我們最好仔細檢視一下。在這個練習當中，請你集中精神去注意這類想法：你對自己有什麼感覺？你對生活有什麼期望（包括你對別人的期待、對命運的期待）？接下來，看遠一點，超越這些想法，想像一下它們會創造出什麼樣的世界；是陰暗危險、大家競相爭奪稀少資源的世界？還是溫暖而充滿陽光、人們慷慨大度並彼此關照的世界？那是一個沒有人覺得安全的世界，還是人們都值得信賴的世界？那是一個十分艱辛、你會不斷失敗、永遠遇不到好運和機會的世界，還是有志者事

竟成的世界？

　　現在，把你的想像寫下來，描述你的想法會塑造什麼樣的世界、什麼樣的小宇宙。在裡面生活的都是怎麼樣的人？他們如何生存？遵循什麼規則？有哪些危險？你在裡面適應得如何？描述完畢之後，問問自己，你想生活在這樣的世界嗎？請記住，這個世界只是一些字串的描述而已，並不具有真實性或重要性。如果你不想生活在裡面，就立刻停止相信你心裡所想的吧！

$\backsim 15 \backsim$

逃避

有些想法的目的是提供立即的緩解，因為你可能正感到痛苦，腦子裡內建的機制——你根據過往經驗為自己量身訂做的——能夠幫你逃離不舒服的感受。所謂的內建機制，就是你依據自己過去不愉快的經驗，而反應出來的自救機制。換句話說，你找到可避免痛苦、掩蓋痛苦，甚至是盡快逃脫的方法。

在這種對抗或逃離的反應過程中，身體跟想法是緊密相連的。從最早的人類開始，每當面對危及生命的情況時，例如與虎搏鬥，身體的機能就會改變，以便作出打鬥或逃跑的反應。有趣的是，只要腦子裡想

到一個威脅，身體就會作出反應，甚至不必真的有老虎出現。光是想到自己的過往經驗，就能讓你膽顫心驚。

當你急忙逃跑時，可能已經發展出一種逃避痛苦的模式，不過，這種模式對你而言不一定就是好的。比方說，很多人靠大吃大喝或瘋狂工作來逃避恐懼的情緒。這種大逃脫思考會促使你去做某些事情，以避免產生受傷、悲痛或憤怒的感覺。不過，心裡的創傷想要痊癒，必須先接受最初的痛苦，這種逃避本能往往會讓你遠離立即的痛，導致傷口無法癒合。

當你面對痛苦時，會產生什麼樣的逃脫想法？請在紙上寫出至少三項，然後回答下列問題：

- 你是否曾經因為作白日夢而忽略工作？
- 你會不會為了逃避痛苦，而去逛街、跑步，或用牙刷清理家裡？
- 這些行為對你有幫助嗎？
- 你願意去感受最初的情緒，優先處理它們嗎？

逃避你的情緒，痛楚就變成了兩層，而不是只有

一層。逃脫的想法不過就是想法而已，你有足夠的能力去抓住這類想法，選擇用不同的方式來回應它。如果你知道：「原來這個想法是一種逃避的想法」，你就可以審慎地想一想，它是不是能帶領你去到你想去的地方。

這種逃避思考跟你的價值觀相符嗎？它能讓你更珍惜對你而言很重要的事物嗎？

當你產生逃避想法時，你能否和最初的痛苦感受和平共處，能否試著不要逃開，全心觀察，讓想法發生，但不採取任何行動？

～16～

誘惑

　　人之所以會思考，是因為腦子是我們的一部分，這表示腦子跟我們是「同一國的」。不過，有時候我們的想法並不一定跟我們站在相同陣線，反而會讓我們分心。回想一下高中時期，有沒有一種號稱是你的朋友的人，卻老是給你添麻煩，或引誘你在班上做一些壞事？或者唆使你抽煙、喝酒？想像一個青少年，他抽著煙，身穿一件破舊的皮夾克，頭髮已經許久未洗，眼神飄忽閃爍。我們腦子裡的某些想法就跟這個青少年一樣，看起來好像能幫我們做些什麼，實際上卻具有破壞性。誘惑性想法聽起來大概像這樣：

「我今天應該不必完成所有記在備忘錄上的事情吧！」

「蹺班不要去開會好了，反正只有這一次。」

「她並不是真的需要我幫忙吧。」

「下週我一定可以趕上工作進度。」

這些想法就像高中時期引誘你去做壞事的同伴，它們會攻擊好的那一面，跟你生活中的行為導師不一樣。這種如同壞孩子的想法不會帶你往你重視的目標前進。在當下，這類想法大概可以給你立即的紓解（逃避責任或不用面對你害怕的事），實際上，從長遠來看，它們對你毫無益處。想一想，哪一個對你比較重要，是逃避責任？還是承擔責任、讓你能繼續前進？

■ 花一點時間，想出至少一項責任或工作，完成之後你會感覺更好，而不是一味地拖延。

■ 讓誘惑你的想法進入你的思緒，把它當作是一種讓人分心的聲音，或是另一種角度，不要把它當作事實。

- 接下來，讓誘惑性思考慢慢淡出（像背景音樂一樣），然後把你害怕承擔的工作或責任清楚地思考一遍。
- 深深地吸一口氣，從一數到三。然後再呼氣，數到三。現在，想像你承擔責任的情景。
- 每當誘惑性思考企圖引誘你遠離目標時，就讓它像背景音樂一樣淡出你的大腦，然後再把你想要完成的工作或責任仔細想清楚。

　　一旦你完成任務後，你會覺得自己像是班長，不再是躲在學校陰暗角落裡抽煙的頹廢小子了。

∽ 17 ∽

流氓想法

　　很多人都有這樣的經驗；在某個場合，突然產生跟現下完全無關的怪異想法，例如：跟老闆講話時，你突然想像老闆的頭爆開來；或者是，當你和朋友喝茶聊天時，腦子裡突然出現你用手指戳她眼睛的畫面；又或者是，你在晚宴上靜靜地坐著，突然間卻想講一些讓自己或另一半感到丟臉、尷尬的話。

　　其實，百分之九十的人都有流氓想法，如：猥褻、性變態、傷害等等。這些想法可能很黑暗、有暴力傾向、具破壞性，你甚至不知道它們從何而來。你可能會質疑：「我居然有這種想法，我到底是什麼樣

的人啊？」記住，想法就只是想法而已，你並沒有將這類的流氓想法付諸行動。這類想法只不過出現在你思緒兩秒鐘就消失無蹤了。你絕對不會實踐心中的流氓想法，因為想法和衝動是有差距的。所謂的「衝動」，背後通常有它的動機，例如：想喝某一種飲料、想買某雙鞋；但是想法，尤其是流氓想法，背後並沒有動機，你不會真的想戳朋友的眼睛，或在晚宴上讓自己變成笑柄。

找出你過去曾經想過的任何一個流氓想法，讓這個想法停留在腦中。注意，這個想法本身並沒有任何力量，也不能做什麼事，它就只是一種想法，不是事實。不過，我們要好好感謝大腦給我們這種奇怪的想法，看看你能不能享受其中驚人與奇特的樂趣。

∽ *18* ∽

思緒激盪

　　腦力激盪（Brain Storm）的規則是，任何想法都不會是愚蠢的，每個人都有權提供意見、提出建議，以幫助團隊達成目標，關鍵在於，大家必須先找出團隊目標，否則如何能辨別哪個意見對團隊有益？假如沒有目標，討論就不會有重點。腦力激盪所產生的想法，在激盪的過程中都不會被執行，只會被聆聽而已。每個人提出自己的點子，想怎麼做、能夠做什麼、如何完成。有些人發表意見，有些人只是聆聽、思考。每個人在團體裡都有自己的功能和角色；某甲可能是保守派，主張不要作風險過高的投資；某乙可

能很有創意、很熱情、能領導團體朝新的方向前進，但是不夠謹慎。

　　把你的腦子想成是腦力激盪的會議，有許多善意的新點子被拋出來。有些想法是為了保護你不必承受痛苦，有些幫助你達成任務，有些則讓你成長和進步。這些想法就像腦力激盪會議裡所有人的發言一樣，沒有一個絕對為真，都只是在發想階段而已，所以你必須退一步，客觀地聽聽每一種意見，再決定採行其中哪一種想法，以達成你的目標。

　　假設你現在是單身，應邀參加一個宴會，認識的人很少。突然間，腦力激盪會議開始了。各種想法開始跑出來：

　　「我不知道要怎麼去到那個宴會場所。」

　　「我可以上網查一下，或搭朋友的便車。」

　　「沒有人會跟我講話的啦，我幹麼要去？」

　　「我現在太醜了，沒有吸引力。」

　　「可是我想多認識朋友啊！我已經三個月沒有社交生活了。」

　　你會選擇聽取哪一個意見？每一種意見聽起來都有它的道理，有些意見可以馬上紓解要參加聚會的焦慮，有些意見能讓你更接近你想要的——多認識朋友。

　　現在，仔細想想你已經渴望很久但內心也天人交戰很久的事物。然後，問問自己下列問題：

- 我究竟想要什麼？
- 這個想法可以幫我更接近目標嗎？
- 有哪些想法雖然出於善意，卻會阻礙我前進？
- 我能不能傾聽不同的想法，認為它們是善意的，然後從中找出對我最好的選擇？

∽ 19 ∽

大姐頭

　　你可不希望腦子裡的念頭對你頤指氣使吧？其實，我們很多想法就是會這樣——想做老大。這些想法告訴你應該這樣、應該那樣，就好像學校裡的大姐頭一樣。

　　如果是因為焦慮而產生的念頭，就很容易在你腦子裡扮演起大姐頭的角色，因為焦慮需要出口。假設你要跟一群朋友出去，而跟這群朋友相處讓你不太自在，這時候你的大姐頭想法可能就會出現，阻止你出門。這種念頭會像大姐頭一樣，帶著一群小嘍囉，推擠你、撞你，逼你待在家裡，要你與世隔絕，要你關

起門來攤在沙發上看電視就好。焦慮的念頭一旦猛烈襲來，就好比學校裡恃強欺弱的惡霸一樣。面對這種人，一開始你會退縮，可是你是有選擇的。你不妨這樣想：這些念頭只是想逞逞威風而已，事實上，你的行為不必受它們指揮。

　　如果大姐頭想法阻礙你去做想做的事或對你有益的事，你可以採取下列步驟：

- 當大姐頭想法出現時，先靜下心來看清它的真面目：「喔，這個是大姐頭想法！」

- 接下來，想想你得堅持不被動搖的理由，別去理會在你腦中喋喋不休的大姐頭。

- 注意到大姐頭想法的存在，至於接下來該怎麼做，請由你自己選擇。你真的想要因為一個念頭就改變你的行為嗎？

- 想想看哪個比較重要，是聽信大姐頭想法？還是對自己說：「雖然有這種想法，我還是要照自己的意思去做。」「我要堅持原本的做法，因為我選擇親自體驗，我要看看事情會怎麼發展。」

過期硬麵包

有時候，我們會很執著於某些想法，這些想法就像上週吃剩的法國麵包，又乾又硬。你心裡有某些想法可能已經存在很多年了，例如：「我沒辦法接受或學習新事物。」「派對裡怎麼可能會有人喜歡我？」

現在，把你的腦子看作是櫥櫃，我們來盤點一下，裡面有多少像是過期硬麵包的想法。請先在日記上寫下至少五種已存在你腦裡多年的想法，找出那些對你沒有幫助的想法。或者，如果你想到一個困擾你很多年的念頭，就先從它著手。假設你過去曾在感情上受過傷，從此以後你便認為「男人（或女人）都不

是好東西。」這個念頭在**過去**的某個時間點可能有它
的道理，例如，你被情人傷害，心裡自然希望這種情
況別再發生。但是，這樣的想法會免除你的痛苦嗎？
對這個想法一直堅信不移，會不會阻止你敞開心胸去
體驗另一段親密關係？現在就下定決心，認清這個念
頭，用筆寫下來：「這個想法就像過期的硬麵包，一
直把我困在過去的牢籠裡。這個想法已經不足以反應
今天、此刻的情況了。」

∽*21*∽

「你」不等於「你的想法」

　　想法或念頭只是一些語彙而已。腦子會自動創造這些語彙與說法，在我們不知不覺的情況下，這些運用語彙來表達的想法已變成腦子相信的真理。如果我們可以明白想法只是語彙，就不會太把想法當真了。

　　讓我們先從「蜘蛛」這個詞彙開始。提到「蜘蛛」時，你想到什麼？它在你腦子裡產生什麼形象？你可以想像蜘蛛在爬嗎？假如在真實生活中你曾被蜘蛛嚇到過，你可能還是會覺得很焦慮。甚至不必看到蜘蛛，光是想到這個詞，就如同接觸到「真的蜘蛛」一樣，已經夠令你害怕的了。

接下來，想像你沒穿衣服，赤裸裸地去上班。想像你走進辦公室大門，一絲不掛，同事臉上會出現什麼表情？這種情景會讓你臉紅畏縮嗎？就好像你真的裸體去上班一樣？由此可見，想法或念頭的力量有多大，簡直可以創造事實！不過，真實情況往往並非你所想像的。

現在，用一個負面的字眼來形容你自己，比方說：「沒有吸引力」或「無趣」。它們比較像是語彙？還是煞有其事？接下來這個練習可能有點瘋狂，但請你去找一些能貼在胸前的T恤上、像名牌一樣的空白貼紙，然後，用一個字眼描述一個你討厭自己的地方，例如：「大嘴巴」、「虛偽」、「緊張兮兮」。把你想到的字眼寫在空白標籤上，然後貼在你的外套或上衣胸前。今天，它就是你的名牌。

注意到了嗎？它只是一個字彙而已。這些你對自己的負面感覺，充其量只是你給自己的幾個字、你給自己的一個名稱或一個標籤。它並非事實，也不是真實的你。如果家人看到你貼的標籤之後問道：「什麼

東西啊？」希望你可以對這個愚蠢的字彙一笑置之。

∽ *22* ∽

你所想的不一定
會變成真的

閉上眼睛，在安靜的環境裡坐一分鐘。此時，腦子裡產生什麼念頭？擔心明天要上班嗎？現在，請張開眼睛，看看周圍，在剛剛靜坐的一分鐘裡，現實生活發生了什麼不一樣的事嗎？最可能的情況是——什麼也沒發生，你還坐在同一個房間，你的煩惱、擔心和想法，並未改變任何事情。辦公室還有好多該做的事情沒做，你也還沒督促孩子做功課。假如這時候有位好朋友打電話給你，居然還講了一個鐘頭，會發生什麼事？你會忘記先前的焦慮，剛剛還很擔心的事，

現在已經遁入空氣中成為過去了。

　　我們一旦明白腦子裡的想法其實轉眼即逝，或許連最惱人的執念都不再能輕易掌控你了。畢竟這些執念並不比一般的念頭頑強，它們充其量只是腦子裡的化學反應。就算這類執念實在很難擺脫，那也沒關係，因為現在你學到了，對於腦子出現的想法，你不一定要照著做，你的行為是可以跟想法背道而馳的。這個道理就好像，假設你現在對自己說：「我是天才。」那你真的就會突然變成天才嗎？

　　接下來，請想出三個你不滿意自己的地方：

　　「我很懶惰。」

　　「我很胖。」

　　「我不知道怎麼改變。」

　　當你出現「我很懶惰」這個想法時，真的會讓你自己變得很懶嗎？還是你仍然有選擇的餘地──鬧鐘響了立刻起床，喝杯咖啡，出門上班？

　　你心裡會覺得「我很胖」，但事實上，在你上次健康檢查的時候，醫生就說過你很健康、體態良好。

　　你可以站到沙發上去跳來跳去，然後心想：「我正坐在沙發上。」

　　你也可以想著：「我真是個無趣的人呀！」，同時又打電話到電影院去訂票、安排保母來照顧小孩，然後準備出門跟老公好好約個會！

　　請試試下列三項練習：

- 列一張表，寫下你最常出現的這類想法。想想看，在愛情、友情和對待自己等方面，你最常有哪些自我貶抑的想法，把它們列舉出來。

- 找個時間，心裡想著其中一個念頭，然後故意做一些和想法大相逕庭的行為。

- 完成之後，再回頭看看你所列的表，在接下來的一週，多針對幾個念頭進行練習。如此一來，就可以拉開你和自貶想法之間的距離，到最後，甚至這些念頭都會消失了呢！

接受雨天吧！

大多數人都有這樣的經驗，你計劃一個大日子很久了，萬事俱備，滿心期待。到了當天早上，你一起床就聽到下大雨的聲音。一般人會立即產生反抗心理，覺得不應該這樣，然後便開始期待稍候會放晴，你心裡想：「這是我計劃很久的大日子耶，怎麼可以下雨！」不過，要不了多久，你就會明白，雨下都下了，再怎麼沮喪，也不能阻止天空降下雨來，唯一能做的事就是改變計畫。於是，你開始取消野餐、取消去海邊的行程，決定做一些不一樣的事——讓你享受的事，即使跟當初的計畫有點落差。

　　有時候我們會產生一些像雨一樣的想法，一些
我們不想要的念頭。舉例來說，我們並不希望想到新
工作的缺點，也不想對即將來臨的約會意興闌珊。但
是，不論我們再怎麼努力，這些雨天想法還是會從天
而降，把心情淋得濕漉漉的。

　　這個時候，你可以選擇做些不一樣的事，不要
讓「雨天想法」幫你計劃。不要躲在負面、憂鬱的想
法裡面，要重新安排你的計畫。雖然腦中的想法是雨
天，仍然要去做一些你想做的事情，擴展你希望擁有
的經驗。這會是一個很棒的決定，因為你改變了行動
方向，全心投入。假設你因為過去痛苦的開會經驗，
而對正準備出席的會議也覺得悲觀時，你還是可以一
邊抱著這種雨天想法，一邊整理好服裝儀容，然後精
神抖擻地走向門外的世界。

∽ *24* ∽

單軌思考

　　有時，無論我們如何努力，就是無法擺脫心裡某個想法；或許是你正擔憂某件事，腦子裡就不停地放送這個想法，讓你在夜裡失眠、工作時分心；或許是你跟朋友或家人吵架，情緒還沒有平復；又或許是你對某件不得不做的事產生恐懼，例如：公開演講、搭飛機，或是參加某個聚會等。

　　這類想法甚至會愈演愈烈，最後完全主導你的情緒，而掩蓋其他美好的經驗。因為一旦產生「單軌思考」（One-Track Mind），就很難注意到其他收穫，最糟糕的是，單軌思考還不一定是真的。

　　事實上，你是有選擇的。這裡有個技巧能幫助你克服。所謂「你有選擇」指的是，即便你陷在恐懼、負面情緒、批判和煩惱的泥淖裡，你還是可以學著去注意到其他的感覺和想法。這個技巧需要你很仔細地留意觀察，透過觀察，你可以找出困擾你的想法，以及你所擁有的真實經驗。比方說，當你心裡出現恐懼時，你可以注意一下周圍的事，如：抬頭看看天空，觀察一下雲的流動；如果是晚上，就觀察夜空的黝暗與亮光。這就如同把蒙蔽視線的眼罩拿下來，讓你可以感覺四周還有什麼事物正在進行。換句話說，就是打開你的心胸，打開你的感知力。

　　如果你現在正因某個想法而很苦惱，就利用這個想法來進行以下的全神觀察練習。如果目前你並未被任何想法困擾的話，就找出過去困擾你的想法來進行練習，或者，就是單純地練習全神觀察，如此一來，當單軌思考出現時，你就知道怎麼運用這個技巧來解除它。先把練習的步驟唸個幾遍，將它們記下來，然後閉上眼睛開始練習。練習時間可以從五分鐘到一小

時不等，看你需要多少時間來感受周遭事物。這個練習的步驟如下：

■ 以你覺得舒服的姿勢坐在椅子上，或者躺在床上。

■ 以這個姿勢深呼吸三次。

■ 注意一下，困擾你的想法或其他想法是否浮現。不要批判你的想法是對還是錯。

■ 在你採取舒服的休息姿勢而腦子出現這個想法時，你對周遭的體驗是不是也正在發生？感覺一下身體和椅子或床的接觸，被你壓著的床單是不是很柔軟？在你臀部下方的椅墊坐起來有什麼感覺？支撐你背部的椅背感覺起來又如何？

■ 從頭到腳將你的身體掃描一遍，每經過一個部位，至少停留一下做五個深呼吸。先從頭開始，你能感受到臉部、眉毛或下巴緊繃嗎？在這裡做三次深呼吸。接下來，請感覺你的頸部和肩膀，這裡的肌肉是不是隨著每一次深呼吸而逐漸放鬆？如果沒有的話，沒關係，只要注意到那裡的

感覺即可。繼續往下移動到胸部和腹部。胸腹部是否隨著你的每次呼吸而上下起伏？繼續往下移，注意身體每個部位，觀察是否有疼痛、不適或舒服的感覺。一直進行到腳趾為止。

■ 現在，留意你的情緒。此刻你是否出現超過一種以上的情緒？例如，你可能會覺得既害怕又興奮。注意，每感受一種情緒，你的焦點就會改變。除了最能主導你的那個情緒之外，也請注意同時浮現的其他想法，針對這些想法，花點時間逐一觀察，然後再把焦點轉回主導你的情緒上，看看它是不是有所改變。

練習結束時，你就會感覺到，除了單軌思考，你還是有其他感覺和想法的。

∽ 25 ∽

面對你的想法

　　假設你一直想抗拒心裡某個想法，因為這個想法
讓你害怕，它可能會造成情緒上的不安。這類讓我們
抗拒的想法，其程度有強有弱。舉例來說，你是不是
曾經有過輕微的牙痛，卻不想打電話跟牙醫約時間？
你自己多少也知道應該要好好重視，卻不停地拖延，
把看牙醫這件事擺在最後順位。你一直逃避，只不過
逃避並不會讓想法消失。像這種對你的健康或生活很
重要的想法，如果擱著不管，就會跟傷口一樣，化膿
腐爛，最後演變成焦慮，甚至變成生命中的遺憾。因
此，在你使盡全力逃避某些想法時，最應該做的其實

就是把它抓出來好好感覺一番，如此一來，你就能鬆一口氣。

　　現在，找個能讓你舒服地坐上五分鐘的安靜場所，完成以下練習：

■ 先在腦中搜尋一遍，找出某個你一直在逃避的想法，面對它。

■ 注意是否有其他想法也跟著產生，其他想法出現的原因可能是因為你想逃避第一個想法，或是它跟第一個想法有關。

■ 任由這些後續想法出現，然後讓它們離開。

■ 將注意力轉回第一個想法。

■ 讓想法停留在腦子裡，深呼吸幾次。

■ 去觀察這個想法，不要試圖改變它，也別跟它爭辯或想讓它消失。

■ 讓這個想法做它自己——它只是一個想法而已。

■ 把這個想法當作是你的朋友，你願意聽它說話而不會妄加批判的朋友。

■ 請注意，這個想法正在腦子裡運轉，但同一時間

你卻能認清它只是一個想法而已。

- 再請注意，這個想法不等於你這個人，你只是一個觀察者，正旁觀這個想法。

- 最後請注意，想法本身並沒有害處，它也並非不友善的敵人。

- 現在，深呼吸五分鐘，這個想法愛怎麼樣，都任由它去吧。給它一點空間，或許這種想法最需要的就是放它自由。

∽ *26* ∽

吹毛求疵

　　你可能認為，你的思維跟你相處一輩子，應該是值得信賴、會處處為你著想的好朋友。事實上，思維的運作方式，端視你平常是怎麼訓練它的。你的思維和你一起經歷了每一件事，和你擁有共同的回憶，在這個過程中，你的腦子很可能已發展出一套應變策略，讓你不受傷害，而這套策略在過去曾經很有用。舉例來說，爸媽批評你是為了讓你表現得「更好」。他們認為，指出你的錯誤對你有益，這是讓你在這個狗咬狗的世界成長並有能力與人競爭的唯一方式。你接受他們的做法，因為你想藉此贏得他們的認同或

愛。

　　你聽進了這樣的意見，開始找地方改進。當你有了某些成就或獲得讚美時，你的腦子就會自動跳到「好還要更好」的模式，不斷地指出一個方向，要你朝著它前進，以追求完美。結果，你的思考變得很狹隘，它只會聽人家的話，只懂得找缺陷。你的腦子看不清目標了。你看，這不是又在追求完美了嗎？

　　你想不想要快樂生活、被愛與關懷包圍、跟人互動良好？想不想包容自己的不完美，把缺陷視為成長的機會？如果這些不是你的目標，就請你想想自己所追求的價值是什麼。什麼對你而言才是重要的？你想要愛自己、接受自己嗎？如果能夠告訴自己「有時我的表現也是很棒、很值得讚許的」，感覺不是很好嗎？

　　你記得上一次被上司、好友或另一半稱讚是什麼時候嗎？聽到他們的嘉許，你有何反應？你是不是立刻尋找各種理由，告訴自己這些稱讚可能不是真的？或者你立刻找出自己的缺點來掩蓋優點？這種內心的

批判聲究竟對誰有益？它在幫你的忙嗎？如果你一直拿不切實際的理想來跟自己比較，你可能還沒達成目標就一命嗚呼了。

像這樣雞蛋裡挑骨頭或吹毛求疵，會讓你遠離真正重要的目標、遠離你想要的東西——愛、情感和自我認同。花點時間想一想，當別人給你正面回應時，你的感受如何。然後，在心裡傾聽你贊同自己的言語。如果你仍會不由自主地出現負面思考，只須注意到它們的存在，任其發生，不必抗拒。這些負面想法就像嘮叨一樣，是更多的鬥犬式想法。它真的對你有幫助嗎？能保護你的權益或幫助你達成重要的目標嗎？還是傾聽心裡的正面聲音吧，打開心胸，接受你對自己的贊同。

～27～

想法如天上星辰

　　每個人心裡都有一個深層的自己，一直與你同在。這個深層的你，經歷過許多痛苦、歡樂、成長和掙扎，它是你的「觀察者分身」（Observer Self）。在日常生活中，我們很容易**依賴想法而活**，就好像你**等於**你的想法一樣。不過，當你學會把內心想法看作是銀河裡的星辰時，就會有很大的轉變。你的觀察者分身其實就是承載繁星的銀河。

　　找個舒服的地方坐下來，做幾次深呼吸。如果呼吸時，你發現是胸部在起伏，試著集中注意力，讓呼吸深入腹部，讓腹部隨著吸氣吐氣上下起伏。接下

來，回憶一下你上次生日時所發生的事。你記得自己
穿什麼衣服嗎？你是和朋友相聚還是孤單一個人？你
有沒有特別慶祝？還是工作到很晚？回想生日當天的
時候，你是否注意到，你——此時此刻坐在這裡的人
——正回到過去重新體驗當時的情景？既然你能夠坐
在這裡並回憶、觀察上個生日，你的觀察者分身當然
也可以旁觀並體驗你在此刻的經歷。你所有的感覺、
思考和行為，都是可以被觀察的，只要你退後一步坐
下來。觀察者分身能夠客觀地看待腦子產生的各種想
法，不帶偏見地面對它們，認為它們只是回憶、景象
和想法而已，不多也不少，就剛好只是這樣而已。

∽ 28 ∽

鏈在一起的惡棍

　　想法通常是成群結隊而來，很少單槍匹馬出現。它們的運作方式如下；假設你現在犯了一個錯，突然間，過去所有類似的經驗都會一口氣浮現，自動與這個錯誤連結。你的腦子開始聯想過去的錯誤，把它們一個個揪出來。結果，單純一個錯誤變成連鎖反應的第一個鏈結。

　　我們的腦子會給過去的經驗分門別類。如果你有一大紙箱的經驗，上面貼著一張標籤：「被拒絕」，一旦你再度遭人拒絕，就會引發連鎖效應。每一次被拒絕，等於再重新經歷一整個紙箱的回憶，一幕幕情

景重現，直到你沮喪不已為止。

　　每一個生活經驗都會跟與過去主題、情緒相同的經驗產生連結；我們經常會發現，自己被這些鏈在一起的惡棍擊倒，動彈不得。它們一個接一個地輪番攻擊，讓我們無法掙脫、無法重獲自由。

　　要擺脫這種鎖鏈惡棍的想法，必須做到兩件事。第一，觀察整個鏈結的過程，仔細檢視禁錮我們的每一個鏈結。第二，把注意力集中在當下、此時此刻。透過對單一經驗的觀察，刻意地打破這些令人困擾的鏈結。

　　現在，讓我們來練習逃跑吧。把你的注意力集中在下列任何一項：

- 對某件事物的擔憂，而這個擔憂卻引發一連串的想像災難。
- 某次失敗，而這個失敗又使你憶起過去許多錯誤的經驗。
- 某種損失，而這個損失變成過去類似損失的一部分。

■ 某個批判或攻擊性評論，它提醒你過去曾有的類似經驗（可能是對同一個人，也可能是針對其他人）。

　　現在，觀察這些想法的鏈結。注意每一個想法是怎麼跟下一個想法連結的。仔細觀察每個想法或每一個記憶如何堆疊，如何加重你的沮喪。逐一、仔細地觀察每一個想法，隨著鏈結愈變愈長，你的壓迫感也愈來愈大。

　　接下來，把注意力轉移到你的呼吸。吸氣，感覺空氣從喉嚨滑到肺部，同時釋放鏈結想法，感覺你的橫膈膜擴張。吐氣，感覺你的放鬆。注意鏈結想法可能會再度入侵，並注意你甚至會**想要擁抱**這些想法。

　　持續專注在呼吸上。如果鏈結想法再度前來拉扯，而分散你的注意力，沒有關係，只要再把注意力轉回呼吸就好了。專心去**感受**喉嚨、肺部與橫膈膜的變化。如果出現新的想法，去注意它們一下，然後再回到呼吸上。你的身體和呼吸就是你最好的避風港，保護你不受鏈結惡棍的干擾。

∽ 29 ∽

移動你的腳步

　　通常，一個想法最先從腦子出現，然後才會一路往下到你的腳。你想到某件事，然後不知不覺地，你竟然開始照著做了。這可能是一種自動反應，因此，我們必須注意到，你其實擁有最大的決定權。當你的大腦出現一個想法時，你的腳會怎麼做？跟進、不動還是反其道而行？

　　首先，花一個小時、甚至一天的時間，去觀察一下，某個想法如何引發某個行動，或者某個想法為什麼沒有引發行動。先試著注意一些無關緊要的想法，例如：腦子裡出現「我很渴」的想法，然後你便站起

來，走到廚房，倒了一杯水來喝。這個想法從你的腦子開始，一路旅行到你的雙腳，然後雙腳才帶你去廚房。或者，你有了「我今天不想上學」這個想法，但你還是起床，出門，到學校去了。

接下來，試著觀察那些變成障礙的想法。「我必須運動，**但是**今天下班後我還是找朋友喝一杯好了。」注意到了嗎？這類想法通常都有「但是」在裡面。出現這種想法時，會伴隨什麼樣的行動？出現這種想法時，你實際上做了什麼？在上述例子裡，你可以改變你的設定——約朋友出來陪你散散步，而不是喝酒去。

接下來是恐懼的想法。首先，請注意一下，當你因某件事感到緊張的時候，你可能會出現一個想法或一個衝動，幫助你緩解心裡的恐懼。舉例來說，你心想：「男朋友的媽媽今天要過來吃晚飯，我很緊張。」不知不覺中，你就有股衝動想要上網買東西，以紓解壓力。雖然有這樣的衝動，你仍然可以做點不一樣的事。你可以選擇看看食譜、準備今晚的晚餐，

而不是分心去上網購物。

　　在日記或一張紙上寫下十種會引發行動的想法。請注意，如果你放任它們的話，每個想法都會從腦部一路傳到你的腳趾。現在，問問自己這個很重要的問題：一定要這樣嗎？難道想法必須自動化為行動嗎？這個練習的目的是要你明白我們掌握選擇的權力。你可以選擇雙腳要去哪裡，也可以選擇讓哪個想法來主導你的行動。

Part III

別再相信
你的
每個想法

　　一生當中，你的思緒肯定會喋喋不休，而你一直言聽計從，好像每個想法都是希臘神諭，是必然的真理。有時候，心裡出現的想法會傷害你、貶低你、告訴你別人是怎麼看你的，甚至會描繪可怕的未來景象給你看。

　　現在你知道你的大腦忍不住如此。不論發生什麼事，你的腦子都會不斷地產生想法。你不能讓它乖一點，你只能改變你和它的**關係**。不要再把每個想法當成福音來聽，你有選擇的權力，別再相信你的每個想法。本書第三部將要教你跟想法保持一段距離，客觀地來觀察它，不相信也不排斥。

　　我們何不把負面或不具建設性的想法改變成正面思考？因為，當你嘗試扭轉某個想法時，你實際上還是在壕溝裡跟它作戰。如果你只是單純地從旁觀察，就等於是宣布休兵，你和你的想法便能和平共存。

　　不論你的想法多麼堅定，想法就是想法，不是事實，也不是你的敵人。以下的練習會幫助你享受你的思緒，不再過分嚴肅地看待每一個想法。

∽ *30* ∽

給想法貼標籤

　　腦子裡產生一種想法，跟真正去落實這個想法，完全是兩回事。這就好像水槽裡堆了一疊碗盤和整個家裡凌亂不堪是不同的；這也好像是，犯了一個錯誤跟澈底失敗是不一樣的。想法稍縱即逝，通常這一秒鐘曇花一現，下一秒就消失無蹤了。

　　重要的是，想法不等於事實，它們不是真的東西。想法其實什麼也不是，它們是幻影、是橋樑，存在的時間短到只夠讓我們產生下一個想法。一生中，我們會有百萬、千萬個想法，大部分會立刻忘記，而其中沒有任何一個想法可以決定我們是怎樣的人。

當釋迦牟尼還是位年輕人的時候，他學會一件事，啟發他後來教化眾人。他發現，如果我們執著地相信我們的想法，把幻念誤以為真，執念就會變成痛苦的來源。唯有當我們認識到心裡所想的和真實世界並不一樣，把這兩者切割，退一步與想法保持距離，我們才能獲得平靜。

有很多種方法能讓你不再**變成你的想法**，其中之一就是給想法貼上標籤。

「我現在有一個想法：約翰在生我的氣。」

「我現在有一個想法：颱風要來了。」

「我現在有一個想法：我應該換工作了。」

「我現在有一個想法：我缺乏吸引力。」

當你用這種方式替想法貼上標籤，就比較容易了解一件事——想法不一定是真的。每個想法都只是你長長的意識人生中的一小節而已。

接下來，請做以下練習：

■ 當每個想法在腦子裡形成時，試著用這樣的起始句來描述它：「我現在有一個＿＿＿＿想法……」

■ 持續地按照這個方法練習，直到你感覺你跟想法有一點分離，而且想法對你沒那麼重要了為止。

　　每當你為煩惱所苦或是開始自我批判，抑或想跳脫開來看事情時，就進行這個練習。

　　請記得，想法不能代表你，它們也不是真實的。想法什麼都不是，想法就只是……想法而已。

∽ 31 ∽

漁船

　　想像你站在一座橋上，朝下俯瞰港口。在你身後是廣闊的海洋，在你眼前則是狹窄的運河，運河兩旁有碼頭，還有五顏六色的建築物。再往運河上游去，河道逐漸開展，你可以看到遠方有很多小小的船塢。有些船塢空蕩蕩的，有些則停著釣船，船上還豎立兩根拖曳漁網用的長杆。

　　現在是黎明時刻，天將亮未亮，這些漁船開始出海了。一大群漁船催著啪達啪達的馬達聲沿著運河下行，經過你站立的橋。有些漁船很大，有些很小很破爛。有些是木造船隻，船身的藍漆有點剝落了；有些

則是一身明亮的白色；還有些是金屬打造，船身是槍桿般的金屬色澤。

漁船排成縱隊前進，你看到船身有點擺盪。船艙的窗戶反射著黎明的陽光，映照出亮橘色。

這些漁船就像是你的想法，一個接一個地到來。有些很大很顯眼，有些要等到通過橋下時你才看得見。雖然有些會抓住你的目光和注意力，也只不過是一串想法，並沒有比其他想法重要。它們出現、被你短暫地注意到，然後逐漸消失在你的視線之外。觀察你的想法是怎麼移動的，就像那些上漆的漁船一樣，它們緩慢前進，終究要漂出意識之外。一艘漁船消失後，由另一艘取代，又由一艘取而代之，沒有誰比較重要。

讓這些漁船經過你身邊，然後讓它們揚帆而去。一次一艘地觀察它們，看它們消失。這時候，太陽逐漸升起了，照亮海面上的漣漪和浪花，你現在覺得好溫暖。

∽ *32* ∽

讓批判思考漂走吧！

　　很多西方的慶典或嘉年華會都有這樣一個攤位；有個人坐在椅子上，椅子下面是一個大型水槽，裡面裝滿了冷水。這個人對過往的遊客大聲叫囂，遊客可以買票投三顆球，如果球擊中紅心，叫囂的人就會隨著椅子落入水槽中。我們腦中的批判性思考就像這樣，我們愈針對別人釋放這些批判，別人就愈容易回過頭攻擊我們，讓我們在一大缸冷水裡沒頂。

　　我們要學習釋放自己，不受批判力量制約。首先，我們要解決你對別人的批判，然後再來處理你對自己的攻擊。

第一步，將注意力集中在呼吸。感覺冷空氣進入喉嚨，胸腔上下起伏，橫膈膜舒展，然後吐氣放鬆。

接下來，想像一個你討厭的人。先在腦子裡形成他們的臉和身形，想像他們的聲音。批判性思考出現時，去注意這些想法，然後讓它們離開。把每個想法放在一片葉子上，隨著流水往下漂走。觀察它們隨著河道蜿蜒而下，最後消失不見。下一個、再下一個想法，都按照這個方式練習。持續練習至少三分鐘。

將注意力轉回呼吸。接著，想像最近一個讓你生氣的場合，有人犯了錯、做了危險或愚蠢的事。在心裡清楚地描繪當時的景象，迅速觀察一遍，然後讓它消逝。讓它坐在一葉扁舟上，隨著水流消失不見。

再度注意呼吸。現在想像自己裸身站在鏡子前面。看著你不喜歡的身體部位，聽聽心裡的批判，但別受它影響。然後同樣地，把這些批判思考放在葉子上，讓它漂出你的視線之外。

最後一回合，先專心呼吸。現在，回想你曾經做過但後悔的一件事，在心裡描繪當時的情景。當影

像愈來愈清晰時，你看著事件發生，注意你所產生的想法。同樣地，把每個想法放在葉子上，讓它隨波漂走。

　　如果你覺得這種有意識的練習有助於緩解批判性思考所帶來的苦惱，不妨在每次發現自己又大肆批判時，做做這個練習吧。

~ *33* ~

描繪出你的想法

　　想像一下，某個令你恐懼的想法突然變成一隻酷斯拉，朝只有姆指大小的你撲過來。這種把想法變成圖像的方式，是否改變你跟想法之間的互動關係？這個描繪想法的練習可以軟化想法對你的衝擊，讓你跟想法保持適當的距離。

　　現在，請你回想過去一兩個星期內讓你情緒激盪的幾個想法。挑選出以下幾種：

- 讓你覺得害怕的想法
- 讓你貶抑自己的想法（一無是處、丟臉、罪惡）
- 讓你生氣的想法

把每個想法分別寫在一張紙的最上方。現在，把你的想法畫出來。如果方便的話，可以用蠟筆或色鉛筆，用黑筆或藍筆也可以。

在描繪想法的時候，你可以把它變成一隻動物、一個火車頭、一棵樹、一個嚎啕大哭的嬰兒、一個氣沖沖地揮舞著拐杖的老人、一座白雪封頂的山、你的母親、一個滔天巨浪、一大朵烏雲、一排向地平線延伸的鐵軌、一座旋轉木馬、一個破舊的洋娃娃，或任何你想得到的事物。這麼做的目的在於找一個比喻，找一個標的物代表想法的某些面向。它可能反應出想法是多麼的強而有力或固執，或反應它的巨大，抑或反應它的源頭。它也可以表現出想法有多麼根深柢固、多麼頑強專斷。在繪畫的過程中找出樂趣，盡量發揮想像力。

現在，我們做另一件事——把你自己畫進去。你跟這個想法的關係有多密切？它跟你的距離有多遠？你是背對它、擁抱它，還是被它包圍？

把自己加進圖裡之後，請回答以下問題：這樣的

關係是你想要的嗎？你想不想讓自己變得更巨大更堅強？想不想離它遠一點？現在，重新畫一張圖，調整你在圖中的大小，以及你想要與思緒保持的距離。

∽ 34 ∽

再多講一次！

我們都有過某些想法突然衝進腦子裡，像火車一樣壓過來的經驗，很大、很重、無法抵擋，例如：

- 我很笨（我很醜或我澈底失敗）。
- 我快被炒魷魚了。
- 我搞砸了。
- 她根本不在乎我。

我們從來不曾質疑過這些想法的可靠性，因為它們感覺非常真實、非常正確，而且完完全全符合我們相信的一切，所以，我們就只好任它輾過自己。認知科學的專家把這類想法稱做「自動思維」（Automatic

Thoughts），因為它是來去自如的。而它走掉之後留下的是羞恥、恐懼和挫折感。

有一個非常簡易的方法可以降低自動思維的威力，就是不斷地複誦它，而且要大聲說出來。這種方法稱為「鐵欽納重複法」（Tichener's Repetition）。心理學家發現，如果我們反覆地將一件事講個五十次至一百次，這件事就會失去意義，也不再有力量傷害我們。不管一開始時你的想法多麼具有威脅性，等到重複數次之後，它就會變得既荒謬又無稽。

好，現在來試著練習一下，看看會發生什麼事。在某個緊要關頭，你的腦子裡出現一個讓你不安的想法，它可能是「萬一……怎麼辦」之類的擔憂，或是讓你貶抑自己的想法。不論想法的內容是什麼，用簡單的一兩個字來代表它，然後把它大聲說出來。大約重複五十次，或者一直大聲唸，直到你覺得有變化為止。要不了多久，這個想法就會失去威力，因為它已經不再具有意義了。這個想法變成只是文字而已，你根本不會想要買它的帳或相信它。

　　你注意到了嗎？自動思維的威力在於它會隱藏起來，在於你一直想要迴避它。一旦你反其道而行，大聲地把它說出來並且一再重複，它就不再那麼重要，就好像播放太多次的電台廣告一樣。這時候，想法就變成了無趣的文字，你根本連聽都不想聽了。

～*35*～

唱歌和怪聲音

　　想像一下，你把心裡的自我批判用〈生日快樂歌〉的曲調唱出來。

　　「我是一個大笨蛋，

　　我是一個大笨蛋，

　　我是一～個大笨蛋～

　　也是一個大蠢蛋。」

　　假設你一直唱一直唱，到最後，「笨蛋」和「蠢蛋」這兩個字便會失去殺傷力，它們給人的感覺變得跟「杜鵑花」和「旅行」這兩個詞相差無幾。

　　現在，請試著找出上一次令你生氣的事情，配上

123

你熟悉（很傻氣也無妨）的音樂，然後把你的想法變成歌詞，讓我們用〈情人的眼淚〉來示範吧！

　　為什麼要對我這麼壞？

　　難道你不明白你很過分？

　　也可以用〈熱情的沙漠〉：

　　我的人生，啊！

　　老是一團亂，

　　懶惰又沒有出息，

　　大家見了我，啊！

　　也會躲著我，

　　他們都怕我這個沒有用的人。

　　或者〈高山青〉：

　　搞什麼～

　　我在搞什麼～

　　辦公室的工作，全做不好，

　　辦公室的同事，沒人愛我。

　　這麼做的目的在於幫助你轉換受害者思考。配上曲調唱出來，就變得有點戲謔、輕鬆的味道。心裡的

負面想法不再感覺那麼沈重、那麼真實，反而變得有點荒謬、有點走樣。

　　還有一個有趣的方式，可以幫助你跟想法保持距離，那就是用怪聲音把它說出來。

■ 用唐老鴨的聲音講出你的缺點。

■ 或者學陽婆婆講話：「我呃呃呃呃……每……次都把好呃呃呃呃……機會搞呃呃呃呃……砸了。」

■ 或者用新聞主播的方式：「新聞快報！今日稍早，在台北市一家知名的百貨公司裡，XXX（你的名字）買了一個毫無用處的東西，而且買得比別人貴。」

■ 或者用黑澀會美眉吱吱喳喳的語氣來描述你的煩惱：「哎喲，怎麼可能啦（高八度），我一定做不到的……」

　　不管你的想法有多麼尖銳、多麼傷人，當你唱出它們，或用怪聲音講出來之後，就會軟化許多了。

∽ *36* ∽

文字重組

　　英文報紙裡面經常有個遊戲，這個遊戲需要一張紙和一隻筆。我們要來玩英文字母重組的遊戲。下列字母應該如何排列才會變成有意義的字？

　　RFEA

　　你猜對了嗎？答案是「FEAR」（恐懼）。只要把英文字母從單字裡抓出來，重新排列，「恐懼」便不見了。現在，請回想你曾經有過的恐懼想法，例如：「我害怕坐電梯。」把它寫在紙上。注意，你的「恐懼」情緒其實是一個字串。當你愈靠近電梯，心跳就愈快，因為你心裡正依照順序在思考這個句子。

現在，寫下同樣的句子，但是把順序打亂：「怕電害坐梯我」，然後念上十次。這個新句子是否也讓你產生恐懼？接下來，再寫一個你害怕的句子，同樣也把順序打亂，然後把次序錯亂的句子寫在字條上，放進你的皮夾。下次再遇到相同的恐懼時，把字條拿出來唸個幾次，將真正讓你恐懼的想法轉移成這個句子。感受一下，這麼做之後，句子的意義發生什麼變化？你的恐懼又發生了什麼變化？

∽ 37 ∽

紙鎮

　　有些想法會像紙鎮一樣壓得你喘不過氣來。它們
的目的就是要讓你動彈不得。有些想法會讓你的身體
覺得沈重，甚至陰沈、憂鬱。這類想法可能是以這種
形式出現：「為什麼是我？」或「我不知道自己能不
能處理這件事！」如果是牽涉到責任的想法，便會帶
來這種感覺，就好像生病一樣。你的生活中可能有一
些問題，才會產生像紙鎮一樣沈重的想法。然而，被
壓在紙鎮下動彈不得的紙，裡面可能寫著正面積極的
內容。所以，何不看看紙鎮下的紙寫些什麼，把它全
部釋放出來，而不預設立場。

找一個安靜的地方，舒服地坐下來。回想你曾有過的沈重想法，把這些想法視為水晶或黑色石頭做成的紙鎮。你不必把紙鎮拿起來或移開，你只要知道，有些想法的確具備這樣的重量，所以，就讓它們重吧，畢竟是紙鎮。接著，對自己說：「我現在有個念頭，我覺得心情很低落。」注意到這個想法就可以了，然後接受它的存在。

接下來，想一些對你重要的事，一些和紙鎮同時存在的想法，例如：「我想多陪陪女兒，吃完晚餐後也許可以唸故事書給她聽。」想像一下你在做這件事。選定你要做這件事的時間和地點，然後跟隨心裡的引導，決定你要在白天或晚上做這件事。記住，紙鎮想法會重重壓在你心上，但你依然可以採取行動去做其他的事，不必移開紙鎮，只須注意到它的存在，然後你還是去做你該做的事。

∽ 38 ∽

快顯想法

　　大多數人都有這個經驗——拿到很好的票，可以坐在電影院、音樂廳、劇院裡正中央最前排的好位子。要去看表演之前，一整個星期你都很興奮、滿心期待。然後，你到了現場，座位很靠近舞台，你興沖沖地等待欣賞表演。舞台的屏幕升起，音樂響起。不到五分鐘，你的腦子開始咕嚕嚕地轉動，各種念頭像墨西哥跳豆一樣地出現。你可能在擔心：「瓦斯爐關了沒？」也可能在計劃明天的行程：「早上先去跑步，然後回來準備早餐。出門上班之前要先上網繳個電費。」接著你又想到：「天啊！我在戲院耶！我想

要專心看表演！」

　　有時候，你的思緒的確會出現這樣的錯亂。它會四處遊蕩，然後停在你意想不到的想法上。你以為，自己只想專心享受台上的表演，結果卻發現，這些想法就像網頁上不時跳出來的廣告視窗一樣干擾著你。沒有關係，就讓這些想法蹦出來吧，只要認清一個事實——你的頭腦正產生這些想法。觀察這些想法的出現，觀察它們的速度，不必抗拒。你有權決定要看或不看哪一個視窗。別跟它們糾纏太久，只要提醒自己，你的想法正自動蹦出，這是很正常的意識活動。你不須仔細解讀它們，只要認知它們的存在，然後用滑鼠點一下你想瀏覽的快顯視窗即可。

∽ 39 ∽

悲傷之泉

　　人在一生中必定會經歷許多不同的課題。打從出生時被醫生用力拍打屁股的那一刻起，一直到臨終前接受所有維持生命的醫療程序，一生之中，我們都在與痛苦為伍。生命充滿悲傷、痛苦、羞恥、恐懼和失落，除了這些無法避免的痛苦之外，我們還經常因為心裡的思緒和想法，累積了更多苦惱。我們度過許多難關，卻經常把自己所犯的錯重新拿出來批判，讓自己更加痛苦。我們也經常抱著悲觀的心理，認為未來一定會發生不幸的事。

　　彷彿生命原有的痛苦不夠多，我們還要一直反覆

地回想它們、衡量它們，並加以合理化。這種種想法和思維，似乎只做了一件事——把原本無法避免的掙扎，變成更深一層的苦難。結果，我們所要面對和處理的失落或恐懼，比生命中必須歷經的多了許多，因為我們腦子裡的想法就像心理擴音器一樣，把痛苦加倍放大了。不但放大，還一直重複。它嘟嘟地響，告訴我們自己有多笨、有多無能，甚至創造出惡夢般的情景，預言不幸將會降臨在我們身上。

我們應該這樣想：生命中的痛苦，我們本來就必須承受，但是因為想法所追加的痛苦，卻不一定要接受。如果我們的想法只不過像滴落悲傷之泉裡小水滴呢？如果我們的想法只是短暫乍現，只是在黑暗中形成又消失，只被我們短暫地意識到就離開了，那又會如何呢？

請進行以下練習：

■ 觀察你的想法，注意每個想法的形成。

■ 讓這些想法掉進悲傷之泉裡。聽它落入水中消失不見時的滴答聲。

■ 這是三步驟的過程：注意、聆聽滴答聲、發現它
消失了。練習幾分鐘，觀察你和想法之間的關係
是否改變了。這些想法仍然舉足輕重嗎？它們對
你的情緒是否依然那麼有影響力？

白色房間的冥想

　　想像你在一個中等大小的白色房間裡，沒有任何傢俱或裝潢，只有四面牆壁，還有一扇前門和一扇後門，都是打開的，而門外是一片漆黑。

　　你可以把自己放在房間的任何地方——在牆角或是靠近天花板的地方飄浮。接下來，只要你有點耐心，就能在這個房間裡學會接受自己的想法。

　　現在，想像你腦中的各種想法開始走進房間裡。他們從前門外的黑暗世界走進來，一次一個，然後又魚貫地從後門離開。請賦予每個想法一種形象；你可以想像它們是戴帽子、身穿黑色大衣的黑道份子。它

們也可以是其他形象，試試看以下幾種：

■ 翻筋斗的馬戲團小丑

■ 會走路的掃帚（如同卡通〈幻想曲〉裡的掃帚）

■ 飛行的烏鴉

■ 一群道貌岸然的人

■ 用蹼搖擺前進的海豹

■ 一群舞動的刀片

■ 扭腰擺臀的企鵝

　　當你對某個形象厭煩了，就換一個形象。只要有新的想法進入你的腦子，就放一個黑幫分子、一支掃帚，或一隻烏鴉從前門走進來。

　　有一點很重要——每當有想法出現時，不要抗拒，也別一直緊抓著它。讓它自己穿越房間，從後門出去，消失在黑暗中。你只須做個目擊者，有時你可以笑一笑，但不能批判。持續地觀察，直到每個想法開始喪失重要性，而你感覺跟它們愈離愈遠為止。在這個白色房間裡，你接受每個想法的原貌——它們只是心靈的產物，活過短暫的生命之後就會消失無蹤。

～ 41 ～

牽著吉娃娃散步去

　　每個人都知道吉娃娃的特性是愛吠，牠們的天性就是愛汪汪叫，郵差經過時叫，看到你回到家時叫，甚至四下無人、靜寂無聲時牠們也叫。但有時候卻很安靜，沒有人能預料牠們什麼時候會叫，什麼時候又會靜靜地坐著看松鼠從眼前溜過。

　　想像你的腦子就是吉娃娃。想法隨機進來，沒有事先預告，甚至沒有挑釁的行為。突然間，某個想法進到你的腦子，下一秒鐘，你的身體立刻作出反應，可能是恐懼，可能是興奮，也就是說，某個想法突然啟動，而你加以回應，如此而已。接下來，想像你的

腦子是一隻身型很小、很愛吠叫的吉娃娃，而你的想法，就是毫無理由地吠叫，只是隨機產生的噪音而已。

今天，就是現在，你要帶吉娃娃出去散步。首先，在安靜的房間裡靜坐五分鐘。想像自己替吉娃娃套上牽繩，牽牠出門去遛一遛。每次只要有一個想法進入你腦中，就專心地想像吉娃娃在吠叫。牠可能是對著正跑過馬路的小貓吠，可能是對路邊草皮上的蝴蝶吠，牠就是大聲地叫。現在，有個人朝你們走過來，吉娃娃發瘋地狂叫起來，並且朝這個人跳上跳下的，吠聲沒有停過。等到這個人走開之後，吉娃娃忘了他的存在，又安靜下來。不管吉娃娃吠叫的原因是什麼，你只管讓牠盡情地叫，然後觀察牠是怎麼停下來的。牠會突然叫一陣子，接著又安靜地走了幾分鐘。

每次有念頭進入你腦中的時候，就把它想成是吉娃娃的吠叫；有些持續得比較久，有些很尖銳、頻率很高，有些只是低吼。隨著你繼續往前進，吠聲停

止了，如果路上又遇到不同的事物，有時候牠可能會叫，有時可能沒有反應。你可以觀察自己的想法，就像觀察吉娃娃一樣。想法其實跟小狗的吠叫很類似，它們的出現不一定有原因，只是來了又走，你只要在一旁觀察就可以了。

∽ *42* ∽

不高興的顧客

　　你是否曾經必須向一位給你負面評語的客人道謝？如果你從事過服務業，一定有這樣的經驗。你點點頭，謝謝顧客的意見。

　　有時候，負面想法或負面感受就像不高興的客人一樣；它們抱怨食物不好吃，抱怨商品的顏色不對，抱怨價格太貴。客人不開心，想要退餐，還說你必須對他的不滿負責。

　　還好，這樣的客人終究會離開。不愉快的想法也是一樣，走進來，終究要走出去。你可以聽聽客人抱怨的原因是什麼，但不用評斷它是對或錯。你的工

作就是聽他們訴說，幫他們找出他們想要的是什麼。生氣的客人不可能什麼都喜歡，你不須改變他們的想法。你只要傾聽，然後繼續工作就可以了。

　　記得，想法是屬於不開心的客人的，不是屬於你的。還好你有選擇的餘地，你可以傾聽抱怨、了解他們的不愉快，然後走到下一桌服務其他客人！

∽ 43 ∽

想法便當盒

　　如果想法就像裝在便當盒裡的午餐，那又是如何呢？你可以像小孩子一樣，帶著便當盒到處走。想法就放在盒子裡面，你帶著它，就像帶著一包洋芋片、一顆蘋果或一盒果汁。想法通常是你拖著跑來跑去的東西，但關鍵在於，你不一定要吃下去，不一定要消化它們。把你的想法看成是便當盒裡不同的菜色，誰管你的便當裡裝的是豬肝還是什麼？你可以隨身攜帶它，但不必吃光裡頭的東西。

　　針對這個比喻，讓我們來實驗一下。請把你的豬肝便當寫在一張紙或卡片上，步驟如下：

- 找出三個惱人的想法，反覆咀嚼。這些想法似乎想主導你的一切，很多恐懼或擔憂都有這種特性。比方說，你明明表現出色，但是突然間你覺得：「我不想繼續寫報告了！」或者「我怎麼可能完成每件事？」你開始慌張，然後逃避，或精神渙散。這個負面想法在你心裡游移，把你嚇得半死。

- 在一張小紙條上寫下這類想法。

- 把紙條帶在身上，陪你出門一整天。

- 把想法當做物品帶在身邊一整天，有什麼感覺？注意一下，在一天之中，你是否能想到這些想法，但不跟它們糾纏、不辯論，也不置可否？你只是隨身攜帶它們而已。

- 在一天結束後，問問自己：「這樣做可以嗎？我所有的想法是不是都可以比照辦理？」

　　每個想法都只是一個想法，它會來，也會走，甚至在你毫無察覺時，新的想法又出現了。所以，不一定要把豬肝吃下去吧？試試看這個想法便當盒的實

驗，把沒有助益的想法裝進去，像物品一樣帶著它們
到處走吧！

握住想法，
像握根羽毛一樣

　　輕輕地握住你的想法，把它當作羽毛一般。想像你可以握住一個想法，任何困擾你的想法，然後觀察它，把它看作全新的事物。把自己當作正在學認字的孩子，有無限的好奇心，用這樣的態度去觀察你的想法，用敬畏的心去崇拜你的任何想法：

　　「我現在有個想法，我很焦慮。」

　　「我現在有個想法，我很尷尬。」

　　「我現在有個想法，我很傷心。」

　　起先，你的反應可能是想緊抓著這個想法不放，

或是持續跟它對抗，想把它趕出你的腦子。不過，此時此刻，請找出一個經常困擾你的想法，用你的大腦握住這個想法，像握住羽毛般，因為它很輕，那怕是一陣微風都可能把它吹走。把想法帶進你的思緒，想像你充滿創意，能夠面對全世界。你甚至可以調侃一下自己，怎麼腦子這麼努力要把這個想法握住。然後將握的力道放鬆，把想法當作羽毛，輕輕地握著它。

這個想法對你有什麼幫助？它能幫你接近摯愛的人，還是能夠讓你更健康長壽？它能幫你達成重要目標嗎？用接受和同理心來看待這個想法。同時，對你的腦子心存感激，感謝它創造了這個想法，但你不必採取任何行動。

∽ 45 ∽

巧克力念頭

　　你不願意產生的想法，卻掌握了你的行為。你嘗試過節食嗎？例如，你試著**不去想**巧克力有多美味，但是巧克力卻是你最喜歡的食物。你**試圖不去想**巧克力，結果呢？突然間，你滿腦都是巧克力。你企圖停止、控制或消除這個念頭，它卻主導了你的行為。結果，誰做了主人？是你，還是想吃巧克力的念頭？

　　我們的心都會受到誘惑，都會有欲望，也都渴望能立即獲得滿足。你可以學著安然度過這些誘惑和欲望，承認它們的存在，並且明白你不必讓巧克力念頭帶領你朝不想去的方向前進。

　　關鍵就在於接受它，也就是認知這個想法的存在，然後主動擁抱想法的內容。當你腦中冒出巧克力時，你可以想像巧克力的模樣，想像它儲存在屋裡哪個地方，甚至可以吞一吞口水。現在，想像你擁抱這個想法，並感謝你的大腦傳送出這個想法，**不要**試圖擺脫這個想法。想想看，哪個對你比較重要？是屈服於你的巧克力念頭去真的找來吃？還是你想培養自制力，靜靜地坐著等待你的欲望消失？念頭終究會不見，所有的念頭都一樣。你可以選擇比較健康的食物，具有安撫作用又符合營養概念的，像是喝杯茶，吃點杏仁或葡萄乾。結果就是，你接受了巧克力念頭，而且選擇走自己的路。

養虎為患

　　想像一下，如果有人養了一隻幼虎，他會多苦惱。老虎雖然還小，但是也會咆哮著索取食物。這個人對幼虎的兇狠有點不安，於是立刻餵牠吃很多肉。

　　這些肉的確安撫幼虎一陣子，但是食物卻讓牠長大了。每天，老虎一嘶吼，牠的主人就立刻拿肉餵牠。老虎吼得愈兇，主人就餵牠更多。結果，老虎變得愈來愈強壯、可怕，也愈危險。

　　有一天，老虎長得又大又壯了，爪子銳利得像匕首一樣，牠的主人又拿了食物餵養牠。老虎的怒吼很低沈、很嚇人，可是，主人已經餵光所有東西了。老

虎才不管那麼多，人肉是很好的大餐。

　　你的恐懼或預測未來的想法，都跟老虎一樣，它們愈嚇唬你，你就餵得愈多，也就是對你的想法讓步，按照它們的意思行事。而你愈餵養它，它們就變得愈強壯、愈令人害怕。

　　請思考一下，當一個令你驚慌的想法出現，要你逃避現實的時候，你會怎麼做？有時候你會投降，避開讓你害怕的事物；你的腦子告訴你，待在家裡，因為你覺得出門去參加某個聚會很不自在；或者，你的腦子暗示你，如果你提起某個話題，老公就會生氣，因此你選擇沈默。

　　每次你乖乖地順從你的恐懼或你對未來的預設，而不敢去做該做的事時，**你就是在壯大恐懼的力量**。最後，恐懼就像那隻老虎，會吞掉你的生活。

　　當恐懼或預測未來的想法出現時，問問自己以下問題：

- 我的腦子想叫我別做什麼事？
- 如果我聽從腦子裡的想法，我等於放棄了什麼價

值或經驗？這對我而言有什麼損失？

■ 我願意面對恐懼、勇敢地去做值得做的事嗎？或者，這一次我會聽從內心的恐懼，餵飽那隻老虎呢？

∽ 47 ∽

讓煩惱走掉

　　憂慮的想法之所以這麼有影響力，是因為我們既相信它又抗拒它。我們之所以經常擁抱憂慮，是因為我們以為這樣做就可以得到保護，我們心想：「如果我這樣擔心的話，事情就不會發生了。」彷彿擔憂是一種護身符，可以避免我們受傷害。

　　另一方面，憂慮的想法實在令人困擾，讓人不由自主地想壓抑它。我們試圖把憂慮塞回腦子裡，可是，我們愈把憂慮推開，它就愈往潛意識裡住，讓我們更覺前途黯淡。

　　想要改變你和憂慮的關係，必須學會既不相信

它，也不抗拒它。你該做的是觀察，像水手觀察海浪一樣，沒有特殊立場，也不特別感興趣。一波又一波的小事件就如同海浪，而每一波海浪都會過去。

以下是如何讓煩惱離開的練習：

- 首先是注意到它們的存在。不要自我麻痺，也別想把煩惱推開。

- 接下來，找出你最近產生的煩惱，讓這個想法在腦中成形。

- 將注意力集中在呼吸，感覺空氣通過你的喉嚨和氣管，感覺空氣緩緩進入肺部。吸氣，讓你的肋骨、橫膈膜舒展開來。感覺你開始吐氣、放鬆。

- 看看你的煩惱產生什麼變化。讓它去轉化、改變。讓它開始轉變成另一種想法。

- 再度將注意力轉回呼吸。感覺空氣在胸腔內停留，它充滿整個肺部，擴張了你的肋骨。

- 再次觀察你的想法，觀察它們，讓它們走掉。

- 回到呼吸。吸氣，再呼氣。

- 注意現在你出現什麼想法，你腦子創造了什麼新

的東西，觀察它的動向，觀察它如何轉變成另一
種想法。

- 回到呼吸。感覺空氣進入肺部又出去。

- 維持呼吸與觀察想法兩者的切換，直到你感覺想
  法變成海浪一般。你就像一個水手——充滿活
  力、深深地呼吸著——觀察海浪從你身旁經過消
  失。

∽48∽

朝生命前進

　　有時候，你會抓住一個想法，彷彿你的生命全仰賴它了，就好像小女孩緊抓著媽媽的裙角一般。小女孩抓著媽媽是因為她害怕獨自去學校，光是想到必須自己上學，就讓她害怕，所以，她不敢放開讓她有安全感的東西。不過，真正釋放孩子的恐懼的，絕對不是大人的裙角或褲管，而是學會放手，走進教室，完成令她畏懼的事。真正能解放恐懼是**擁抱恐懼**，以及體驗它。我們的腦子會創造一些想法和欲望，彷彿它們能保護你平安無事，而不受過去經驗告訴你可能會傷害你的事情威脅。因此，你慢慢地累積這些能夠保

護你的想法，同時儘量不去經歷會讓你受傷的事，因為腦子是這樣告訴你的。

我們的思緒告訴你要抓住某些想法，讓它們保護你；但事實上，緊緊抓住這些想法卻會讓你更加痛苦；比方說，你心想：「一旦我被傷害得太深太重，我可能永遠沒辦法再站起來。」於是，你因為不想受傷，就抗拒那個可能會帶來傷害的機會，例如：和某人建立親密關係。你花很多時間跟別人保持距離，因為你拒絕受傷。你的想法告訴你：「不要跟人太接近，你就不會受傷。」很快地，你就在身體四周築起一條護城河與高牆，讓別人根本進不來。就這樣，你的內心想法達到它想要的第一個目標——讓你遠離傷害。可是，現在你卻有了新的痛苦——缺乏親密關係，雖然你也沒有受傷，可是你卻感受到更深一層的痛苦。

佛家把緊抓著一個想法稱為「執」。你的心會因此變得很狹窄，只能容納保護你遠離恐懼的想法。你變得像個小女孩，抓著媽媽的裙角不放，似乎裙子

可以保護你免受傷害，這就好像刻意去抵抗不舒服的感覺一樣。有時候，讓自己去感受不安反而更重要，因為生命不能只限於一種規則，一種你創造的規則。當小女孩懂得放手時，一開始是會不舒服的，但接下來，她就能夠向前走，走進教室裡去了。

現在，選擇一個讓你安心的地方，坐下來，找出一個你緊抓不放的想法。它可以是保護你的，你覺得你需要這種想法才會在情緒、心理、身體甚至金錢上感到安全，例如：「我得長得漂亮別人才會喜歡我」或者「如果我沒有足夠的錢，我就永遠沒保障」。當你出現這類想法的時候，問問自己，除了這個想法之外，還有什麼是真實的，例如：「如果我沒有足夠的錢，我就永遠沒保障，不過，我還是可以做個好爸爸。」

試試以下練習：

- 握緊拳頭，假裝把你的想法握在手中。
- 保持拳頭緊握，抓住你的想法。
- 注意一下，身體的其他部位是否因為這個想法而

緊繃。

■ 注意看看，想法是怎麼變成你整個意識的焦點。

■ 仔細觀察被這個想法翻攪的其他想法。

■ 做五次深呼吸，每次都數三下。

■ 放鬆手掌，從一數到三，慢慢地打開拳頭。

接下來，請試試看：

■ 假裝有另一個想法超越原先你緊抓不放的想法，這個新想法能讓你更接近你所重視的東西。

■ 大聲地把你緊抓不放的想法講出來，然後加上「不過，我還是可以……」，請自行填入對你而言同樣真實的新想法。

每當你發現某個想法企圖保護你時，大聲地把它說出來，並在後面加上「不過，我還是可以……」。要知道，除了保護性想法之外，你仍然擁有很多可能性。

49

放掉繩子

　　你是否發現給好朋友忠告有多麼簡單嗎？當她因為某種原因而喪失自信時，你坐在她身邊，給她舉了很多例子，讓她知道她所想的並不是真的。你花了好多時間來說服她，讓她明白她既聰明又美麗，而且討人喜歡。

　　講著講著你已經詞窮了，她還是沒有完全被說服。要說動自己拋棄某種感覺，真是一件很困難的事情。這就好像跟情人分手後就算喝得爛醉，也只能暫時麻痺痛苦一樣，跟自己的想法對抗、爭論，也只是治標不治本的解決方式。你心裡有一些對自己的負面

159

想法：「我一直以來都不夠好」、「永遠都不可能有人愛我」，而你也企圖說服自己不要相信這些想法，但這麼做是在跟這些想法對抗、跟自己爭辯；這就好像在拔河一樣，一邊是你對自己產生的負面想法和感覺，另一頭則是你在告訴自己：「你沒那麼糟糕，我看過別人**真的**很喜歡你！」這種爭論和對抗是很耗時又傷神的。

　　如果你放開拔河的繩子、結束這場拉鋸戰呢？假如你願意面對這些負面思考，你就能接受它們的原貌──單純只是想法而已。任何想法或感覺都不會永久存在。讓你自己去面對它們，因為你知道自己可以安然度過難關。怎麼安然度過呢？去**觀察**你的負面想法，但不要信以為真。接下來，你可以**選擇**回應你的想法──採取行動，朝你重視、珍惜的目標前進。這需要練習和努力，不過，你的生活品質將因此有所改變，你將會注意到，自己雖然產生了某個想法，卻能夠坐在旁觀者的座位，觀察它，不帶批判，也不加以改變。這就是「放掉繩子」的意義所在。

拿一張紙，寫下三個讓你困擾的負面、自我批判的想法。你一直努力說服自己不要相信這些想法，你也試圖逃脫。現在，想像這些想法就像拔河比賽中和你在繩子兩端拉鋸對抗的對手，針對每一個負面思考，問問自己：

- 我想要有這種想法嗎？
- 我想要練習有意識地觀察這個想法，讓它存在嗎？
- 我希望這個想法主導我的人生嗎？
- 我準備好要採取行動來拓展我的生活了嗎？
- 這個想法阻礙我做什麼事？
- 我希望在擁有這個想法的同時，也能做我想做的事嗎？

　　所謂認真，是珍惜當下發生的每件事，不是抱著已發生或可能發生的事不放。你的想法正在發生，如果你一直在回想痛苦的事，請把注意力轉回現在、此刻。如果你害怕的是未來的事物，同樣地，也請回到此刻。注意你正活在當下，然後深呼吸，數到十。

　　把繩子放掉，選擇採取行動，做你想做的事，練習專注在當下，認真地面對此刻。

50

怪獸

　　有時候，我們的想法很嚇人，好像怪獸一樣地站在我們面前，擋住去路。它們會大吼大叫：「他要離開你了！」「這麼做一定會失敗！」「那些人根本不希望你去。」「你醜死了，待在家裡啦！」「你一定會搞砸的！」

　　怪獸想法所產生的效應是讓你癱瘓，它們讓你覺得，做某些事會產生可怕的後果，即便這些事對你而言很重要。結果呢？你不敢決定、不敢面對、不敢接觸；你偏離了你所重視的目標；你自我麻痺，心想生命怎麼跟你期望的完全不同。

　　這裡有些東西可以供你思考一下，或許能讓你重獲自由。怪獸想法是你腦子的產物，它們並不真實，只是像算命仙一樣在預測未來。它們描繪一幅未來的圖像，告訴你未來可能會發生什麼事，你又會有什麼感受，但它們講的可能永遠都不會實現。萬一你讓怪獸想法阻礙你去做很重要的事，結果發現它們只是單純的想法和唬人的景象而已，那該怎麼辦？

　　以下是跟怪獸想法的相處之道：

■ 假設你正駕駛著一輛公車，這輛公車代表你的生活，是你想要的全部。你努力把公車開往對你而言很重要的方向，你所重視、渴望的目標。現在，找出至少一項你真心在意卻又害怕追求的目標。

■ 接下來，在腦中想像這個目標，看著自己往目標前進。持續你的想像，直到腦海中的景象變得很清楚為止，然後，你開始注意到怪獸想法跳出來了，「他們會嘲笑你！」「她會生氣！」「你會變得很孤單！」「你一定會筋疲力盡！」

聽怪獸的聲音，了解它只是腦中的叨叨絮語，單純只是想法而已。現在，把每個想法寫下來。

- 想像你開著公車往目標前進，所有的怪獸想法突然擋在你面前，它們不希望你達到目標。想像這些怪獸的嘴臉，聽牠們咆哮。你動彈不得，怪獸站在你和目標之間。

- 這時候你只有一件事能做——邀請怪獸上車。你打開車門，讓牠們進來。想像一下每個怪獸猙獰的臉，如兇神惡煞一般地走上階梯，然後坐在你身後。牠們不停地嘶吼，專講一些嚇唬你的事。聽牠們講這些話實在很痛苦，因為你愈來愈覺得不踏實、愈來愈害怕。可是，很重要的一件事發生了——怪獸不再阻礙你前進，因為牠們已經上車了。你可以把公車，也就是你的生命，開往你想去的地方。你可以追求你想要的目標，只要你願意帶著怪獸，聽牠們怒吼，聽牠們不斷發出警告。

　　我們要活出充實有價值的生命，就必須這麼做。

我們要容忍怪獸想法，然後去做自己想做的事。請再一次想像你的目標，怪獸拼命阻止你達成的目標。如果你帶著怪獸一起勇往目標邁進，你猜會發生什麼事？

國家圖書館出版品預行編目資料

放下執念的50個心靈練習 / 馬修.馬凱(Matthew
　McKay), 凱薩琳.蘇特克(Catharine Sutker)
　合著；羅倩宜 譯. -- 初版. -- 臺北縣新店
　市：世潮,2008.08
　　面；公分. -- (暢銷精選；31)
　　譯自：Leave your mind behind : the
everyday practice of finding stillness
amid rushing thoughts
　　ISBN 978-957-776-936-7(平裝)

　1. 生活指導　2. 思考

177.2　　　　　　　　　　97013240

暢銷精選 31

放下執念的50個心靈練習

作　　　者／馬修‧馬凱博士（Matthew McKay）、凱薩琳‧蘇特克（Catharine Sutker）
譯　　　者／羅倩宜
主　　　編／簡玉芬
責任編輯／謝佩親
封面設計／鄧宜琨
版式設計／江依玶
出 版 者／世潮出版有限公司
發 行 人／林正村
登 記 證／局版臺省業字第5108號
地　　　址／(231)台北縣新店市民生路19號5樓
電　　　話／(02)2218-3277
傳　　　真／(02)2218-3239　（訂書專線）、(02)2218-7539
劃撥帳號／17528093
戶　　　名／世潮出版有限公司
　　　　　　單次郵購總金額未滿500元（含），請加50元掛號費
酷 書 網／www.coolbooks.com.tw
排　　　版／江依玶
製　　　版／辰皓國際出版製作有限公司
印　　　刷／長紅彩色印刷公司
初版一刷／2008年8月
　　二刷／2009年1月
　 I S B N／978-957-776-936-7
定　　　價／220元